W0326232

VOYAGE IMAGINAIRE AUTOUR DE

BARBE NICOLE PONSARDIN

VEUVE CLICQUOT

1777-1866

DU MÊME AUTEUR

A PLEUR-JOIE, Grasset *(Prix des Deux-Magots).*

UN LONG MOIS DE SEPTEMBRE, Grasset *(Grand Prix des Lectrices de* Elle*).*

LES RÈGLES, Gallimard.

BALLADE AMÉRICAINE, Stock.

GRABUGE ET L'INDOMPTABLE AMÉLIE, « Folio-Junior », Gallimard.

UNE FORÊT SOUMISE, Grasset.

MA CHÈRE RÉPUBLIQUE, Grasset.

LE REPOS, Grasset.

AU DIABLE, Grasset.

LE TOUR DE L'ARBRE, Grasset et Livre de Poche.

LES ANGES D'EN BAS, Grasset *(Goncourt de la Nouvelle).*

O DIX-NEUVIÈME !, Grasset et Livre de Poche *(Prix Femina essai).*

CONNAISSEZ-VOUS LES RIDES ?, Grasset.

IL ÉTAIT UNE FOIS LES SCHNEIDER (1871-1942), Grasset.

ELVIRE DE BRISSAC

VOYAGE IMAGINAIRE AUTOUR DE

BARBE NICOLE PONSARDIN

VEUVE CLICQUOT

1777-1866

BERNARD GRASSET
PARIS

ISBN 978-2-246-75671-2

Tous droits de traduction, de reproduction et d'adaptation
réservés pour tous pays.

© *Éditions Grasset & Fasquelle, 2009.*

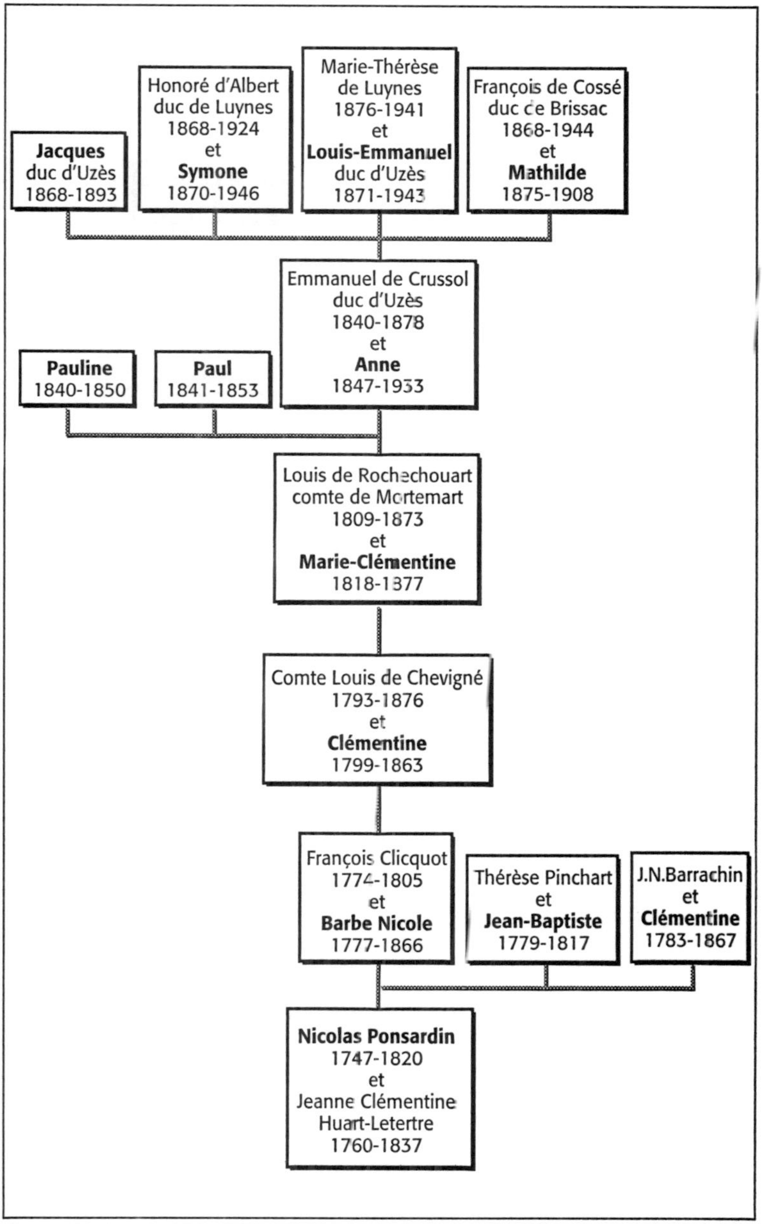

Jacques duc d'Uzès 1868-1893
Honoré d'Albert duc de Luynes 1868-1924 et **Symone** 1870-1946
Marie-Thérèse de Luynes 1876-1941 et **Louis-Emmanuel** duc d'Uzès 1871-1943
François de Cossé duc de Brissac 1868-1944 et **Mathilde** 1875-1908
Emmanuel de Crussol duc d'Uzès 1840-1878 et **Anne** 1847-1933
Pauline 1840-1850
Paul 1841-1853
Louis de Rochechouart comte de Mortemart 1809-1873 et **Marie-Clémentine** 1818-1877
Comte Louis de Chevigné 1793-1876 et **Clémentine** 1799-1863
François Clicquot 1774-1805 et **Barbe Nicole** 1777-1866
Thérèse Pinchart et **Jean-Baptiste** 1779-1817
J.N.Barrachin et **Clémentine** 1783-1867
Nicolas Ponsardin 1747-1820 et Jeanne Clémentine Huart-Letertre 1760-1837

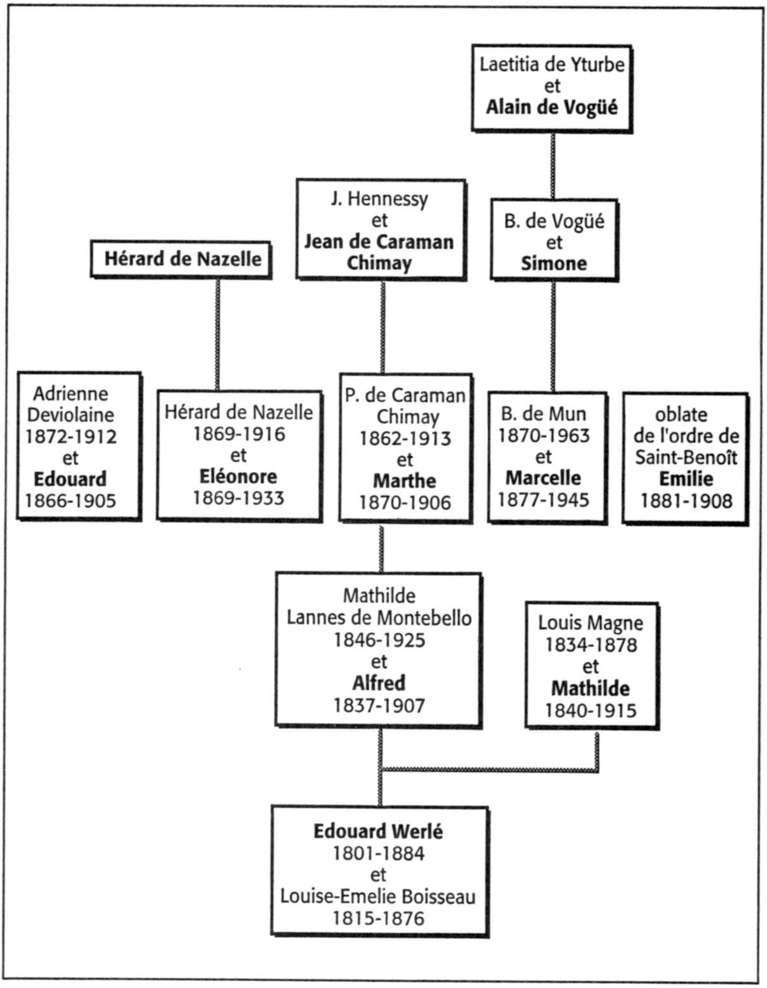
Laetitia de Yturbe
et
Alain de Vogüé
J. Hennessy
et
Jean de Caraman
Chimay
B. de Vogüé
et
Simone
Hérard de Nazelle
Adrienne
Deviolaine
1872-1912
et
Edouard
1866-1905
Hérard de Nazelle
1869-1916
et
Eléonore
1869-1933
P. de Caraman
Chimay
1862-1913
et
Marthe
1870-1906
B. de Mun
1870-1963
et
Marcelle
1877-1945
oblate
de l'ordre de
Saint-Benoît
Emilie
1881-1908
Mathilde
Lannes de Montebello
1846-1925
et
Alfred
1837-1907
Louis Magne
1834-1878
et
Mathilde
1840-1915
Edouard Werlé
1801-1884
et
Louise-Emelie Boisseau
1815-1876

PREMIÈRE PARTIE

Klikofskoé !

CHAPITRE PREMIER

Douze ans en 1789

Louis XVI régnait depuis trois ans quand je suis née à Reims le 16 décembre 1777, l'aînée de trois enfants. Jeanne Clémentine Huart-Letertre, ma mère, venait d'avoir dix-huit ans, elle croyait dur comme fer mettre au monde un garçon à qui elle réservait tout son amour. Ai-je été en naissant un rêve enseveli ? Je n'avais pas de cheveux. Au contraire de mon frère et de ma sœur qui me suivront dans quelques années, de l'avis de tous, je n'étais pas jolie.

On me baptise Barbe Nicole ; sainte Barbe serait morte vierge et martyre, dit-on, et décapitée par son père. Il n'y a pourtant pas un être au monde que j'aime autant que Nicolas Ponsardin, mon papa, sa fossette au creux du menton, son bon ventre sur lequel il me serre, son odeur d'homme bien frictionné – un jour il me dira : « nous avons la même odeur » et ça me fera pâlir de bonheur.

Il était si gracieux que les notables de la ville l'avaient choisi pour complimenter le roi quand il était venu se faire sacrer à Reims, deux ans plus tôt. Imaginez-vous la ville toute remparée de tours, ce 11 juin 1775, les rues tendues de bannières, les cloches sonnant à toute volée, cette cathédrale nourricière de tous les rois de France depuis l'an 816[1], qui a accueilli Charles VII et Jeanne d'Arc ! Nicolas Ponsardin tombe aux pieds du roi, les larmes aux yeux : il est convaincu que ce monarque maintenant oint[2] mènera la France à un temps de prospérité et de grandeur sans égal. Qui pouvait alors se douter que le peuple français reprendrait quelques années plus tard à ce jeune homme de vingt et un ans, installé sur le trône dominant le jubé, embrassé par l'archevêque, acclamé par ses pairs, communiant dans le calice en or de saint Remi, ce qu'il lui souhaitait en ce temps-là ? Les colombes, telles des voya-

---

1. Date du sacre de Louis Ier, dit Louis le Pieux, fils de Charlemagne, par le pape Etienne IV.

2. Par une goutte d'huile de la sainte ampoule mélangée au saint chrême.

geuses du soleil, voletaient d'un chapiteau l'autre, l'entourage du roi avait à peine de barbe – ces jeunes gens ressemblaient à des anges debout, chacun symbolisant l'un des compagnons légendaires de Charlemagne, soutenant tous ensemble la couronne au-dessus de la tête du roi. Les vieillards se souvenaient du diadème du sacre de Louis XV orné de seize saphirs, seize rubis, seize topazes, seize émeraudes, cent soixante et un gros diamants, cent vingt et un petits et deux cent trente perles... A la sortie, les rossignols luttaient avec les hymnes, pièces de monnaie et médailles étaient jetées comme des grains de riz à la foule ; dans le palais du Tau, jouxtant la cathédrale, assis sur une estrade, dos à la cheminée, le roi donnait un festin auquel les femmes assistaient depuis des tribunes.

Et qui pouvait se douter que je ne verrais qu'un seul sacre, ma vie durant, celui du frère de Louis XVI, le comte d'Artois [1] – dix-huit ans, lors du sacre de son frère – qui représentait ce jour-là le duc de Normandie, Guillaume le Conquérant ? Et qui se rappelle qu'en 1226, à son sacre, Louis IX, futur Saint Louis, n'avait que douze ans ? Et que, cinq cents ans plus tard, Louis XV n'en avait que quinze ?

1. Futur Charles X qui sera le dernier des Bourbons régnants.

Rêves dorés pendant lesquels je n'existais pas encore, écrouelles qui guérissaient, comme reprises par le pouvoir de les toucher, cérémonial qu'on avait mis tant de siècles à bâtir et à faire entrer dans nos têtes railleuses [1]. Bientôt je naîtrais, bientôt les rois de France seraient des criminels, bientôt ma mère dirait : « La jeunesse est devenue folle. »

Douze ans en 1789 : Jean-Baptiste, mon frère, en a dix : lors de sa nouvelle grossesse, ma mère s'attendait à mettre au monde une seconde fille, à la trouver moins laide que la précédente, avec si possible une touffe noire de cheveux ; elle m'a dit plus tard que la venue de mon frère, sans qu'elle comprît pourquoi, l'avait curieusement désappointée : comme un combat qu'elle n'aurait pas eu à livrer. Elle m'a donné à moi presque un jumeau et la certitude que nous ne menions pas la vie que les enfants menaient autrefois. Nous n'étions pas séparés, Jean-Baptiste n'était pas un garçon et moi je n'étais

---

1. « Par la cérémonie de son sacre, Louis XVI, contre l'avis de Turgot, avait veillé à l'orthodoxie de la liturgie, déployée au long de cinq journées, comme la glorification de l'alliance entre le roi et Dieu. Mais la royauté s'était de longue date engagée dans un processus de rationalisation [...] Elle s'était peu à peu affranchie des attributs divins qui rendaient présente et visible sa sacralité royale. » *21 juin 1791, Varennes, la mort de la royauté*, Mona Ozouf, Gallimard, 2005.

pas une fille. Saoulés d'événements, nous nous y roulions comme des vagabonds, tandis que nos parents couraient toujours après une posture, un souvenir, avec un « comme avant » qui nous faisait sourire. Avec le costume d'un autre acte.

Mon papa porte encore des cheveux poudrés et des souliers à larges boucles et dit que tout change à une allure effrayante : un ministre n'est pas plutôt nommé qu'on en appelle un autre, on croit aux mauvais présages, des grenouilles noires sortent par milliers des mares et le commerce périclite. Nicolas Ponsardin vend pourtant toutes sortes de choses excellentes – dauphines, marocs, croisets, droguets, étamines, couvertures, blateaux –, il m'emmène parfois avec lui dans ses entrepôts où il déroule devant mes yeux émerveillés les étoffes les plus chatoyantes. Sois bien docile aux conseils de ton père, dit-il, ne parle à personne de ce que tu vois ni de ce que tu entends.

Le 14 mars 1789, il est l'un des trente délégués élus pour représenter la ville à l'assemblée du tiers état du baillage de Reims[1]. Son corps blanc et rose va faire quoi au juste ? Siéger ?

---

1. Le baillage sert de circonscription électorale. Les électeurs de chaque baillage rédigent les cahiers, c'est-à-dire exposent par écrit leurs doléances et leurs vœux pour l'ouverture des états généraux prévue à Versailles le 5 mai 1789.

Tout le monde siège. Parler ? Tout le monde parle. Nous protéger de ce dont ma mère a le plus peur : ces hommes qui traversent Reims en criant de faim ? Ouvriers tisseurs qui déambulent avec des airs de loup, des mots dégoûtants auxquels Jean-Baptiste et moi ne comprenons rien, si ce n'est qu'on ne les prononçait pas « au bon vieux temps ».

Notre famille fabrique des draps et des étoffes, une affaire fondée par mon grand-père en 1728, mais où va-t-on, dit mon père, si personne ne les achète ? Si la reine de France n'a plus ni port majestueux ni candeur ? Si elle ne ressemble pas à la Sainte Vierge, telle que je me la représente ? Si tout est abus ? « Un chacun, ici, crie contre les abus, mais ne veut pas qu'on touche à ceux qui le font vivre, lui et ses amis ; moyennant quoi [les abus] subsistent tous[1]. »

Jean-Baptiste et moi nous pelotonnons dans le même lit, celui de la peur causée par le tumulte qu'on entend certaines nuits dans les rues, injures et blasphèmes résonnent contre nos vitres. Quand Nicolas Ponsardin rentre de Lyon où il se rend pour ses affaires, il dit : « Je

1. Rapport adressé le 16 novembre 1787 par le baron d'Alvensleben au roi de Prusse. *L'Epoque révolutionnaire*, Malet-Isaac, Classiques Hachette.

ne sais plus sur quel pied danser. » Ça me trouble qu'il ait peur ; d'être assise dans cet hôtel particulier qui a coûté tant d'argent et de me dire qu'on va tout y casser. « Babouche, dis-je, qu'est-ce qui se passe ? » « Babouchette, me répond-il, si je savais ce qui se passe. »

En même temps ça m'amuse qu'on ait roulé les tapisseries du salon, décroché les tableaux que je déteste, représentant des lièvres morts pendus par les pattes et des chiens blancs marquant l'arrêt devant des perdrix pétrifiées ; qu'on renonce à faire notre éducation ; d'assister à « l'aurore de l'humanité », comme je l'entends dire aux commis de mon père. Que de mots chipés comme ça, que de « cucuteries », soupire ma mère.

Les noms des rues changent, le chef cuisinier ronfle, on ne vide plus nos pots de chambre, tout est plein d'odeurs inconnues – la sueur, la poussière, surtout la poussière. Et de bruits formidables : le tambour, la pique, le rire au nez !

La prise de la Bastille, à Paris, est suivie d'un été où l'on voit des brigands et des étrangers partout, coiffés de drôles de bonnets et chantant de drôles de chansons ; comme une affreuse bande déroulée au-dessus de la tête de ceux qui fuient, apparaît le mot : émigration. On a caché ma sœur Clémentine, de six ans ma cadette, chez une de nos couturières du quartier Saint-Remi – l'on dira que c'est moi qu'on a cachée, mais c'est faux, je suis restée tout le temps de la Révolution, en compagnie de mon frère Jean-Baptiste, rue Dauphine, rebaptisée rue Cérès. Nous jouons à nous appeler citoyen, citoyenne, à nous évanouir, comme s'évanouissent les dames de la Cour devant les événements. Notre mère, dissimulée derrière une jalousie demi-fermée, n'ose plus mettre le nez dehors. Nicolas Ponsardin fait garder jour et nuit ses entrepôts où il n'a plus le temps de m'emmener. Nos domestiques mentent à qui mieux mieux en disant qu'ils nous surveillent, ils nous habillent à la va-vite, disparaissent pour un oui pour un non, nos professeurs se sont volatilisés, débrouillés du devoir d'enseigner : entre un ballot de marchandises et nous, on s'occupe davantage du ballot de marchandises.

Qui vouliez-vous qui fît attention à deux enfants ayant des fourmis dans les talons, courant en sabots dans Reims ? Nous avions pris goût, nous aussi, à la liberté, nous plongions avec délice dans l'eau glacée de la pluie, dans les rues propres et dans les rues malpropres ; d'arrière-cours noires comme des cachots, nous jaillissions sous le ventre des chevaux, sous les fouets des cochers, renversions tout ce qui se présentait jusqu'à la cathédrale, clef de notre folie.

Ses murs sont barbouillés d'inscriptions « Liberté, égalité, fraternité » ; plus tard, on ajoutera « ou la mort ». Nous enjambons ses saints décapités, grimpons dans des clochers sans cloches d'où l'on voit la ville comme du haut d'une montagne ; nous déchargeons nos pistolets imaginaires sur tout ce qui bouge, les femmes chargées de linge qui traversent la rue, les pigeons qui s'envolent des abat-sons, les rats – il y en a quantité sous les autels, il y a même une couleuvre dans le bénitier ; sur le roi qui arbore sa cocarde et qui marche, dit Babouche, sur une pente verglacée.

L'hiver 1789 est très froid, la neige se serait élevée jusqu'à vingt-cinq centimètres au-dessus du sol, précise un des chroniqueurs de l'époque. Dans les crayères [1], dont certaines sont exploitées depuis les Romains, Jean-Baptiste et moi jouons à cache-cache, à saute-mouton par-dessus les pièces [2]. Nous sommes des hommes-souris, aucun chat ne peut nous attraper, nous mangeons de la poussière comme de la confiture. Est-ce de cette époque-là que j'ai gardé mon goût pour l'odeur si particulière des caves, ma familiarité avec toutes ces bouteilles noires qui ne me font pas peur quand elles

1. Nom des carrières de craie.
2. Fût de contenance variable entre 1,8 et 2,4 hl.

explosent ? Je marche dans les ténèbres exactement comme si j'y voyais clair ; c'est parce qu'on ignore tout de ma vie singulière d'enfant qu'on s'étonne que je sois devenue ce que je suis. Pendant ce temps-là, mon papa, coiffé d'un bonnet rouge, plante des arbres de la Liberté. Babouche au comité de district, Babouche travaillant quatorze heures par jour pour le bonheur du peuple, Babouche « imbibé de fausseté », comme on le lui a reproché par la suite... Babouche, note dominante de ma vie de Babouchette...

Un jour, on apprend que le roi s'est enfui de Paris ; lourd comme il l'est, il n'ira peut-être pas bien loin. Il s'est détaché de la nation, dit mon père, Dieu le prenne en pitié, dit ma mère, et nous, on nous rabâche de ne rien dire. L'émoi est énorme, il est avec la reine, ses enfants et avec sa mauvaise étoile. Il a mis dix-huit mois à quitter les Tuileries où il est enfermé depuis août 1789 ; escorté par un long cortège d'espions, de vexations, de petites prisons ; obligé de vivre avec des gens et des choses qu'il déteste. Le ciel est noir, les Tuileries sont vides, où est-il ? Dans deux berlines qui peinent à traverser l'Argonne, tout près d'ici, mais nous ne le savons pas. De peur d'être reconnu, il n'est pas passé par Reims, mais par Sainte-Menehould d'où tout à coup est parti le doute que ce soit lui, ce bon gros aperçu derrière une vitre ; par Varennes où il est descendu dans une auberge où on l'a mis sous l'œil du peuple : cinquante mètres plus bas était un pont, des cris d'hirondelle, la liberté… « Entre Reims et Varennes, entre le sacre et le détrônement, il n'y a que 15 lieues pour mon cocher, écrit Victor Hugo ; pour l'esprit, il y a un abîme : la Révolution [1]. »

Dès que son arrestation a été connue ici, « une troupe de forcenés […], ouvriers des manufactures, portefaix, tous soldés par les clubs, […] s'est mise en marche pour Varennes [2]. » Quatre cents braillards obligent la famille royale à quitter la ville sans messe ni repas sous la surveillance de Barnave et de Pétion accourus de Paris, et crachent à la figure du roi.

Depuis ce jour-là ma mère est en larmes. Elle refuse de recevoir le moindre sacrement des mains d'un prêtre jureur [3]. Clémentine n'a pas pu faire sa première communion – « Où est sa vie spirituelle ? dit ma mère. Dites-moi où est la volonté divine ? » Depuis 1793,

---

1. *Le Rhin.*

2. Mona Ozouf, *op. cit.*

3. Votée par l'Assemblée en 1790, condamnée quelques mois plus tard par l'Eglise, la Constitution civile du clergé a divisé celui-ci en prêtres jureurs, c'est-à-dire ayant prêté le serment civique et en prêtres non jureurs, ou clergé réfractaire.

Nicolas Ponsardin siège au club des Jacobins de Reims ; son nom figure parmi les membres du comité des secours. Personne ne sait qu'il aide en cachette les pauvres et se démène comme un beau diable pour leur procurer du travail. Avec le conventionnel Armonville, il obtient de la Convention qu'on fasse fabriquer à Reims « une grande quantité d'étamines à pavillons pour les vaisseaux » de la marine. En reconnaissance, la société des Jacobins organisera une souscription publique qui réunira 69 000 livres – Nicolas Ponsardin y sera de sa large poche – pour aménager une frégate qui portera le nom de Reims. Armonville sera chargé de l'offrir en reconnaissance au Comité de salut public…

La grande crainte des familles en ce temps-là, ce sont les fêtes de la déesse Raison. Telle le Minotaure, elle veut des jeunes gens et des jeunes filles aux yeux candides. Ma carte de citoyenne de l'an II (1793) me dépeint ainsi : taille 4 pieds, 6 pouces, cheveux et sourcils blond ardent, yeux gris, nez petit, bouche moyenne, menton long, front haut, visage ovale. » Nicolas Ponsardin est obligé de parcourir les rues au son des tambours et de la musique, au bras du président de la section du temple de la Raison ; derrière lui vient un char rempli de petites citoyennes de mon âge, vêtues de blanc, chantant des hymnes patriotiques – si Barbe participe à ce défilé, a dit ma mère, je l'envoie immédiatement rejoindre sa sœur à Saint-Remi. Quand elle a su que derrière le char « venaient un Nègre donnant le bras à deux Blanches et une Négresse à qui deux Blancs donnaient de même [1] », je lui ai passé ses sels. Comment pourrait-elle supporter que le conventionnel Rühe ait brisé en public la sainte ampoule apportée à Reims par le Saint Esprit lui-même sous la forme d'une colombe ? Qu'on ait découronné le faîte de la cathédrale de ses fleurs de lys dorées ? Esquinté le « Texte du Sacre » sur lequel trente-deux rois [2] ont prêté serment avant de recevoir les onctions sur sept parties de leur corps, puis l'épée et les éperons d'or, symboles de la chevalerie ? Il n'y a pas un petit Rémois qui ne sache cela. Chut, dit Babouche qui est pour un emploi moins royal de la religion.

Quand à la guerre civile s'est jointe la guerre tout court, même à cent kilomètres de distance, mon cœur s'est mis à battre comme les tambours appelant les volontaires à l'armée de

---

1. *Le Baron Ponsardin, ancien maire et premier président de la Chambre de Commerce de Reims*, Georges Lallemand, Société des Amis du Vieux Reims, 1952.

2. Louis VI, Henri IV et Louis XVIII n'ont pas été sacrés à Reims.

Kellerman. Le 11 juillet 1792, l'Assemblée, à Paris, a déclaré la patrie en danger ; un mois plus tard, les Tuileries sont mises à sac, le roi est interné au Luxembourg, puis au Temple. Un mois plus tard, Verdun, tout près de nous, tombe aux mains des Prussiens. « Je vais m'engager », dit Jean-Baptiste, à table, ce matin. Il a douze ans ! Je vais avec lui, ai-je dit. Ma mère éplorée s'est tournée vers notre père qui a ri.

Les écoliers mettent leur montre en gage, le jeune Bonaparte n'est pas en reste : « Au bruit de l'assaut aux Tuileries, le 10 août (1792), je courus au Carrousel, chez Fauvelet, frère de Bourrienne »... Il n'a que huit ans de plus que moi, après tout. Où allons-nous ? est la phrase qu'on entend prononcer le plus souvent. Ma mère est obligée de se cacher pour rencontrer un prêtre non jureur, le port du costume ecclésiastique est interdit, le palais du Tau mis en vente, les ordres religieux sont supprimés. Les jeunes gens sont obligés de se cacher pour fuir la conscription obligatoire, les commerçants sont obligés de se cacher pour vendre, d'ailleurs, ils ne vendent plus rien. Comment mangeons-nous à notre faim, et pour combien de temps encore ? Le roi a été exécuté, « on a peur ; on écoute pendant la nuit ; on reste les yeux attachés sur le ciel sans savoir ce que l'on a et ce qui va arriver »[1] ; puis c'est le tour de la reine, du duc d'Orléans, de Mme Roland, de Bailly, de Barnave. Robespierre est le chef du gouvernement : il a trente-cinq ans.

Les courants d'air, cet hiver 93, entourent la cathédrale comme pour achever de la démolir. Jean-Baptiste et moi y trouvons d'autres garnements, jouant à d'autres jeux que nous ; ils ont transformé l'autel en tribunal révolutionnaire et nous accueillent à coups de pierre. J'ai moins envie de ramper dans les charpentes pour attraper les pigeonneaux dans leur nid, doux comme tout, mais qui barbouillent mes mains de fiente, pour les en bombarder. Pour la première fois de ma vie, j'ai le vertige. Ce monde de rois, d'anges et de saints dont la moitié gît face contre terre signifie quoi ? Que l'univers est affligé d'une catastrophe perpétuelle ? Que je ne me marierai jamais pour la bonne raison qu'il n'y aura plus un seul jeune homme vivant après toutes ces guerres pour m'épouser ?

Clémentine, ma sœur, qui est beaucoup plus coquette que moi (peut-être est-ce le fait d'avoir vécu chez une couturière ?) me dit qu'à force d'avoir couru les rues en robe de droguet et quasiment nu-pieds, je ne vois pas qu'un siècle nouveau marche sur nous ; que les femmes

1. *Mémoires d'outre-tombe*, Chateaubriand.

vont être adorées ; que les bals vont succéder à « la machine à sang ». « Tout le monde dit que tu es laide », ajoute-t-elle, comme si elle parlait de sa pantoufle. O le frisson que me donnent ces mots ! Il me semble qu'une bête se colle à moi, déjà le monde me juge, déjà il me culbute… J'ai hérité des traits de mon père, c'est vrai, mais ils me vont moins bien qu'à lui ; de la petite taille de ma mère – un mètre quarante-six – sans en avoir la finesse. « Avec du chien », dis-je, en espérant que ma sœur aura au moins la charité de me répondre : « Mais oui, voyons. » Elle continue à me parler de Mme Tallien qui donne le ton de la mode à Paris – tiens, puisque j'ai parlé de chien – de ces hommes coiffés d'« oreilles de chiens », les cheveux leur tombant jusqu'aux épaules, de toutes ces choses qui font qu'elle se trouve très heureuse, très jolie, sûre de plaire.

Nos voisins reviennent peu à peu rue Cérès, les domestiques ne s'absentent plus et le chef cuisinier nous confectionne à nouveau des gâteaux pleins de douceur. On frise mes cheveux, on pommade mon teint, bref je deviens comme toutes les jeunes filles : à marier.

CHAPITRE II

Mariage de nuit

S'est-on préoccupé de moi dans le cercle des familles commerçantes de Reims ? A-t-on vanté les qualités que je n'ai pas – hormis un teint frais, je n'offre rien de bien saillant ? Le retour à une vie plus normale à la fin de ce terrible siècle a-t-il réveillé les marieuses de la ville ?

Un jour, dans le jardin de l'hôtel Ponsardin, j'aperçois un inconnu qui cherche un écureuil. Un écureuil aux yeux rouges, dit-il, un peu gêné d'avoir dérangé notre portier pour savoir si cet animal échappé de sa cage n'aurait pas trouvé refuge dans un des arbres de notre jardin ? L'inconnu s'appelle François Clicquot, il demeure rue de la Vache, tout à côté, il a les joues creuses, des cheveux très noirs et un léger accent de quelque part qui n'est pas d'ici. Il a passé deux ans à Saint-Gall, dit-il – là-dessus il tousse à fendre l'âme – chez M. Mayer, négociant-banquier, ami de son père, pour y apprendre l'allemand, l'italien et à s'ennuyer à cent sous de l'heure. Asseyez-vous, dis-je, sans le moindre espoir qu'il s'asseye. Les Suisses lui ont offert cet écureuil quand il a quitté Saint-Gall pour aller se présenter au citoyen Haussmann, agent de la République française à Bâle. Je ne suis pas le citoyen Haussmann, dis-je, arrêtez de parler comme si vous récitiez une leçon et asseyez-vous. Quelques mois plus tôt, la Convention avait adopté le principe de la levée en masse, ce qui signifiait que tous les célibataires, de dix-huit à vingt-cinq ans, devaient s'enrôler pour combattre l'ennemi.

Et vous êtes parti ? dis-je. Je l'imagine repoussant à lui tout seul les Autrichiens, les Prussiens, les Anglais, les Russes ; je le vois en Lazare Carnot, comme sur les livres d'images, la plume au chapeau, les joues égratignées, boutant l'ennemi hors de nos frontières à la tête d'un million d'hommes… Mon père, dit François Clicquot – son père le couve, lui défend de s'engager, lui obtient un poste de chef comptable à Bourg Libre [1] près de Bâle, en territoire français. Il y passe trois ans, joue

1. Aujourd'hui Saint-Louis.

du violon, se demande : « N'y a-t-il rien dans ce rien ? » comme se le demandera Chateaubriand quelques années plus tard. On remue ciel et terre pour le rapatrier. « Le secours d'un fils unique devient indispensable », écrit Philippe Clicquot à toutes les autorités compétentes.

François Clicquot vient d'arriver à Reims, les fleurs de marronnier le font pleurer, il est bien loin de ces rutilants bolides nommés Jourdan, Hoche, Kléber, Marceau… De Bonaparte passant le Pô… Il n'est, dit-il, qu'un petit bonhomme qui aide son père, parle trois langues, parce que son père l'a voulu ainsi, tombe de sommeil le soir. Point de repos pour les marchands d'étoffes qu'ils sont : leur maison vend des laines, des teintures, mais aussi de la moutarde, du savon de Marseille, des vins de Champagne, et le Directoire veut de tout. François Clicquot n'aime ni la poix ni la colle à poisson ni les carottes. Vous, oui, dit-il… Si j'avais d'énormes yeux bleus… Si je présentais un tableau présentable… Il me fait rire avec sa voix d'insecte, son petit corps et son œil qui flambe en me disant au revoir. Je n'en finirais pas de raconter cette scène : tout s'est passé si vite, dans une magnifique lumière.

Le lendemain, je reçois un chalet suisse à musique qui berce mon rêve. Le surlendemain, le dessin d'un petit écureuil aux yeux rouges ; et la nouvelle que l'animal a été retrouvé. Puis plus rien jusqu'à la visite de M. Clicquot père, rue Cérès. Nicolas Ponsardin le connaît un peu, il a siégé à côté de lui, en 1789, au Conseil de la ville ; on les appelait les « Nous ferons » pour railler leur mainmise de gros marchands drapiers et manufacturiers sur les affaires de la cité[1]. Il connaissait mieux son cousin, Simon Clicquot de Blervache, qui vient de mourir sur une pile de traités économiques ; on lui doit l'inscription de la statue de Louis XV, place Royale, à Reims, renversée en 1792.

Renverser, dit Babouche, sais-tu ce que ce mot signifie, Babouchette ? Puis il ajoute tout de go : Ta mère t'a-t-elle mise au courant de ce que sont les hommes ? Il semblait errer au milieu de sables arides, m'inviter à parler, mais j'avais la gorge si serrée que je ne pouvais pas articuler un mot. « Je ne t'ai pas vue grandir », a-t-il soupiré, comme s'il m'abandonnait aux prises avec un malheur qu'il n'avait pas prévu.

Deux mois plus tard, François Clicquot et moi sommes mariés. « Cejourd'huy vingt-deux prairial sixième année républicaine[2] sept heures du soir en la salle des Séances de la Maison

1. *Veuve Clicquot Ponsardin. Aux origines d'un grand vin de Champagne*, Michel Etienne, Economica, 1994.
2. 12 juin 1797.

Commune de Reims par-devant moi Jean-Baptiste Jeunehomme »…

Les églises n'étant pas encore officiellement réouvertes au culte et le prêtre qui officie n'ayant pas prêté serment, la cérémonie religieuse a lieu dans une cave. Ce soir-là, dans cette cave, alors que dehors les jours sont si longs – nous sommes presque au solstice d'été – j'ai véritablement épousé mon destin : non seulement mon cher mari, les activités de sa famille, car sa mère, au comptoir, est aussi active que son père, mais encore la cave elle-même où j'ai joué toute mon enfance, c'est-à-dire la maison des vins, la nuit d'où ils sortent ou non vainqueurs. L'odeur des tonneaux, les chandelles qui nous éclairaient, les quelques invités venus là en catimini, tout concourait à donner à cette cérémonie un air lugubre.

Le seul qui ne le fût pas était Nicolas Ponsardin, auréolé de ses beaux cheveux blancs – il les a eus très vite blancs – de ses sourcils blancs, de ses gants blancs ; il promenait autour de lui une lueur heureuse, malgré qu'il s'épongeât souvent les yeux. Ma mère, qu'il avait épousée à l'âge de dix-sept ans, trouvait qu'il était bien temps, à vingt ans, que j'en fisse de même.

Mon beau-père, Philippe Clicquot, n'avait d'yeux que pour son fils, il s'est toujours inquiété de sa santé. Doté d'un tempérament pessimiste, il écrivait à François, quand celui-ci était en stage en Suisse : « La félicité de l'homme sur terre est un état négatif qui doit être mesuré par les moindres maux qu'il souffre. » Amer constat pour un jeune homme de dix-huit ans que son père vouvoie. « Ne vous abandonnez pas à la mélancolie », « appliquez-vous à la ponctuation, à l'orthographe », « cultivez votre violon ».

Nous n'avons pas entendu une seule note de musique de toute la cérémonie, alors que les Clicquot ont donné quatre générations de facteurs d'orgues dont on parle encore ! Dans ma belle-famille, on appelait cette branche-là les Clicquot-Colbert, parce qu'en 1672, Robert Clicquot, « maître facteur d'orgues », avait épousé Marie Colbert, cousine éloignée du grand Colbert, qui avait quitté Reims, sa ville natale, dès son jeune âge.

Robert Clicquot et son beau-frère, Etienne Hénoch, maître de facteurs d'orgues, lui aussi, à Paris, et maître très réputé, obtiennent la commande de l'orgue de la chapelle du roi, à Versailles [1]. Est-ce dû à l'appui de Colbert, nul ne le sait, la construction de la chapelle dure encore trente interminables années, mais aujourd'hui, à l'intérieur du buffet de l'orgue de Versailles, on peut lire l'inscription suivante :

1. 1679.

« Clicquot a été au Roy en 1640 de père en fils jusqu'en 1792 [1]. » Les commandes affluent de Poitiers, de Nantes, de Laval, de l'église Saint-Sulpice à Paris ou Saint-Louis à Versailles. Des dizaines de buffets d'orgues à construire ou à restaurer.

Rien ne rappelait dans cette cave où je me mariais ce jour-là, avec des chauves-souris et des araignées dans les cheveux, cet engouement qui avait suivi la faveur du Roi-Soleil pour Robert Clicquot et pour son beau-frère. Ils sont loin, aujourd'hui, ces musiciens aux mains resplendissantes chargés de faire monter aux cieux ce secret connu de tous et de tous oublié que tout est à Dieu et pour Dieu.

La tête inclinée, je me demandais où j'allais avec mon nouveau guide qu'un ange très gardien m'avait envoyé. Quitter Babouche, était-ce possible ? Quitter Jean-Baptiste qui n'a pas encore vingt ans ? Porter un autre nom, passer de avant l'amour à après l'amour en continuant à être moi-même, Barbe Nicole, dite Babouchette ?

Très vite, mon mari devient l'associé de son père sous le nom « Clicquot, Muiron et fils [2] » ; très vite, parmi les multiples activités du

1. *Les Clicquot, facteurs d'orgues du Roy*, Norbert Dufourcq, Paris, Librairie Fleury, 1949.

2. Muiron est le nom de jeune fille de sa mère.

négoce paternel, il se passionne pour la vente des vins. Il est pince-sans-rire, rapide, avisé ; il accorde de l'attention à des choses que je n'ai jamais regardées : un sarment, une gelée, le débourrage des bourgeons à la sortie de l'hiver. Il s'inquiète des orages, de la grêle, pas du tout de moi qui le suis comme son ombre.

Contrairement aux Ponsardin, gens des villes, les Clicquot – du moins, cette branche-là – sont des terriens : la grand-mère maternelle de François, son arrière-grand-mère se sont longuement heurtées à la vigne, les doigts recroquevillés par le froid, les pieds collés dans la craie, l'estomac écœuré par l'odeur de vinasse des pressoirs, adorant cependant quand s'ouvrent lentement les grandes portes des caves voir le cul rond de leurs bouteilles !

Dès 1772, Philippe Clicquot avait publié un avis dans la *Gazette de France* indiquant qu'il fondait « un négoce de vins à l'enseigne Clicquot [et qu'il se proposait de] franchir les frontières du royaume pour porter au goût des étrangers la finesse des vins de Champagne [1] ». Il les avait franchies, connaissant le fort et le faible de chacun de ses clients. Tout de suite les Anglais aiment d'amour le champagne. Mon

1. *Veuve Clicquot, la grande dame de la Champagne*, F. Crestin-Billet, Glénat, 1992.

beau-père expédie – jamais plus de 7 000 bouteilles – à Venise, Londres, Francfort, Berne, Liège et même à Moscou, dès 1780. Ils ne sont qu'un accessoire de son commerce, continue-t-il à déclarer, mais certains de ses acheteurs d'étoffes et de laines ne dédaignent pas de lui commander ce qu'on appelle encore des « vins mousseux » ; ainsi l'aubergiste de *l'Aigle d'Or*, à Constance, ou *l'Auberge des Trois Voix*, à Colmar ; ou M. Amion, épicier vis-à-vis le Palais-Royal à Paris ; ou André Dallafus, traiteur de la garde hongroise de l'empereur à Vienne ; le procureur des Bénédictins de Beaulieu à Sainte-Menehould.

Déjà il faut observer les lueurs inouïes du Nouveau Monde, ces jeunes Etats-Unis d'Amérique dont on a tant parlé au moment de la guerre d'Indépendance[1]. Déjà on achète du vin à des parents, à des proches, la production familiale n'y suffisant plus. Déjà les clients se plaignent et font jouer la concurrence : « Vous me faites des observations qui m'étonnent, écrit Philippe Clicquot à un client de Strasbourg [...] Je suis sûr que mon vin comparativement au prix était bon, très mousseux, très égal. »

J'entre dans la vie de François ne sachant rien de la vigne, comment elle pousse sur cette

1. 1775-1783.

croûte de craie qu'est la Champagne, comment on la conduit, on la transforme, encore moins comment on la vend. J'arrive au bon moment, au moment où les langues se délient : paysage pétrifié, air immobile, commerce nul, bouches cousues, tel était le paysage sous la Terreur ; tout sentait la mort. Aujourd'hui tout repart, la beauté n'est plus funèbre, l'élégance n'est plus bannie, et l'argent, donc ! On s'attife, on se gorge, les malins, comme mon François, ne s'y trompent pas : un siècle se termine, l'autre commence. « En avant, route ! » comme dit le poète. Jusqu'ici j'ai vécu blottie dans l'espace de mon papa, dans son dangereux parfum, je dis dangereux parce que rassurant, parce que mien.

Je découvre d'autres yeux tendres, l'air pur ; j'aime les vignes, leurs ramures grises, l'hiver, leur sanglant automne, j'aime le soleil d'été sur ces pentes, l'étagement des forêts juste au-dessus, ces belles formes de la Champagne que je vois en réalité pour la première fois. Mon mari me dit en riant : Sors de ton glorieux buste ! La petite citadine que je suis, confinée par la Révolution dans les rues, les cours, les caves, grimpe sans se faire prier dans la carriole des Clicquot et s'épate de tout ce qu'elle découvre. Les yeux vifs que j'ai, soulignent mes chroniqueurs, c'est François qui me les a ouverts. Que lui importe si mon fichu est à moitié défait, si mon ombrelle s'envole, si mes joues s'enflamment – nous sommes heureux ensemble, bondés de choses à faire. Le Directoire, les débuts du Consulat, les préliminaires de Londres (octobre 1801), la paix d'Amiens désincarcèrent le commerce international ; la vendange de 1800, la première année du nouveau siècle, est excellente.

De plus en plus souvent François part placer pour le compte de son père et pour le sien leurs marchandises et leurs vins, renouer avec des clients dont la Révolution les a coupés, recouvrer des sommes bloquées depuis des années à l'étranger. Nous séparons-nous que je pleure. A chacun de ses départs, un bruit mystérieux sonne en moi : j'ai peur de l'été torride, peur des naufrages et des routes, de ce long tunnel qu'est l'hiver, une peur viscérale, comme celle qu'éprouve son père à l'idée que François ne revienne pas.

Babouchette, me dit Nicolas Ponsardin, tu es enceinte ou quoi ? C'est vrai que je suis enceinte, c'est vrai que mon mari me manque – quand il est là, je me sens pleine d'étincelles ! Il voyage en Italie lorsque Clémentine voit le jour – il fait un temps comme je les aime, nous sommes au début du printemps 1799, les jours allongent et tout le monde me dit que je suis ridicule de parler de son père à un nouveau-né qui ouvre à peine les yeux. Et de lui en parler sans cesse.

L'été 1801 l'emmène en Souabe, en Bavière, en Autriche ; devant mes supplications, il se résout à confier une partie de ses démarches à des correspondants. En août, il rencontre à Bâle Louis Bohne, d'une famille de négociants de Mannheim, qui cherche une situation de voyageur et qui aura tant d'importance dans ma vie.

François a hérité de sa grand-mère Muiron une dizaine d'arpents et une petite maison à Bouzy, non loin de Reims, où nous nous rendons souvent, en compagnie de Clémentine qui maintenant tourne et sautille. Elle a quatre ans, le temps de s'échapper, de se cacher, de se dire fatiguée pour se pendre à son père. Celui-ci ne sait pas se défendre, il la porte et il la lance en l'air, il la juche sur ses épaules, il trotte et il galope – tout à coup, il la pose, plié en deux par une toux sèche qui l'oblige à s'arrêter. Clémentine pleure et je redescends la côte avec un vieillard à mon bras et une petite fille abandonnée ; François triture une jacinthe entre ses doigts. Je pense à mon beau-père, toujours anxieux, toujours triste : il s'est retiré des affaires il n'y a pas longtemps [1], écrivant à

1. En juillet 1802, à l'âge de soixante ans.

ses clients : « Je suis d'un âge et d'une santé qui m'invitent au repos. »

Un jour, voyant François dans cet état, j'ai crié au ciel : « Osez le prendre ! » et j'ai cru avoir fait taire ce bruit mystérieux qui sonne en moi à chaque alerte. François n'a plus étouffé de longtemps et c'est Louis Bohne maintenant qui place nos bouteilles casquées de cire verte pailletée d'or en Hollande, en Allemagne, en Autriche, en Hongrie ; qui fait naufrage sur l'île d'Héligoland ; qui rate en 1803 la visite du Premier Consul à Reims, accompagné de Mme Bonaparte : au retour d'un voyage triomphal en Belgique ils logent chez Nicolas Ponsardin. C'est encore Louis Bohne qui découvre sur son manteau – « que vois-je en jetant les yeux sur mon manteau ? Un tissu brun, mais vivant [...] Je suis couvert, je suis mangé de punaises[1] ». 1804, il est en Russie ; 1805, il y est encore. « En général, écrit-il, le commerce de cette place est excessivement véreux, la mauvaise foi y est à l'ordre du jour. On considère les maisons étrangères comme des chèvres qu'il faut traire. »

La Russie, qu'en sais-je à ce moment-là ? Quelle main la balance ? Ai-je la prémonition

1. *La Russie en 1839*, Le marquis de Custine, Librairie d'Amyot, éditeur, 1846.

que je vais la griser un jour grâce à ce garçon qui voyage pour que mon mari, à ma demande énergique, ne voyage plus. A cause de cette toux noire que je ne veux plus entendre, de cette pâleur – on dirait une fine poudre qui se répand parfois sur son visage.

La France a couronné et sacré Napoléon empereur non pas à Reims, mais à Paris cette fois-ci. Il attache à son diadème la couronne de fer que sont venus lui offrir les délégués de la République cisalpine, « comme au XVIe siècle, les chefs de guerre mettaient un diamant en guise de bouton à leur chapeau[1] ». Moi je n'attache que mes pas à ceux de François, de plus en plus persuadée que le vin de Champagne prend ses secrets chez Satan. Il mousse, pourquoi ? dis-je à François qui ne le sait pas. Ou il ne mousse pas, pourquoi ? Il ne le sait pas davantage.

Je le suis de vignoble en vignoble, de la Grande Montagne de Reims à la Côte des Blancs, de la vallée de la Marne au sud d'Epernay, l'écoutant débattre avec les vignerons du prix qu'il va leur payer leur vendange qu'il ajoutera à la nôtre, le voyant surveiller l'épluchage des raisins – chaque grain pourri, vert ou taché doit être ôté à la serpe –, le chargement des pressoirs, le serrage du jus, ses retrousses. J'apprends

1. *Mémoires d'outre-tombe*, Chateaubriand.

que le vin a plus d'un joli tour dans son sac ; des masses de tours ! On a beau faire – et Dieu sait que la Champagne en ce début du XIXe siècle a déjà une longue tradition de viticulture –, il est comme une énorme chevelure qu'on ne réussit pas toujours à attraper. En bouteilles, dans l'ombre pendant des mois, il ne cesse de remuer, de fermenter – on croit qu'il dort, il mâchonne, rugit, les bouteilles éclatent, c'est miracle qu'on ne soit pas blessé. Quand enfin un an est passé, quand il sort du noir, on ne sait toujours pas à qui on a affaire, un vin clair et pétillant comme le rire ou un vin fatigué et trouble dont les clients ne voudront pas.

Dès le mois de février 1805, François repart sur de mauvaises routes par mauvais temps. La maison a engagé deux autres voyageurs pour qu'il puisse revenir cet été. J'ai fait un tel tapage…

Un beau matin, il y a du sang sur l'oreiller.

CHAPITRE III

Tout bascule

23 octobre 1805 : ma main dans la sienne, je sens la vie de François s'en aller un peu plus loin, et encore un peu plus loin, jusqu'à l'instant où je ne pourrai plus la suivre, où elle ne s'appellera plus la vie.

Son agonie a duré quinze jours, quinze jours d'espoirs et de rechutes, de tout ce qu'on fait d'horrible aux malades, révulsifs, lavements, saignées, sangsues. Je ne serai jamais malade. Mon beau-père sanglote, les religieuses qui soignent le malade sentent mauvais, on m'a enlevé ma petite fille, craignant une contagion possible – une contagion de quoi ? Je suis dans une terrible colère.

François est tombé dans l'escalier de la rue de l'Hôpital, nous revenions de Bouzy où nous avions passé la journée. On l'a relevé, il grelottait, le médecin a parlé d'une fièvre maligne[1]. Bien sûr qu'il toussait depuis longtemps, que son père craignait ce choc atroce. Babouche, est-ce que je crois encore en Dieu ?

On me parle de six mille billets d'enterrement, de frais « d'annonce de mort extraordinaire », des crêpes du Suisse, je me dis : qui va procéder à l'assemblage des vins maintenant que François n'est plus là ? Avait-il terminé d'acheter ses vins clairs ? Et après la première fermentation, dans quelques semaines, que va-t-il se passer ?

Philippe Clicquot n'est pas d'un grand secours, il ne parle que de mourir à son tour ; Louis Bohne est à Saint-Pétersbourg. Qui va achever l'œuvre de mon bien-aimé ?

François, je le sais, ne perdait jamais espoir, il affirmait que les vins de Champagne n'avaient pas à rougir de la comparaison avec les vins de Bourgogne, que le nouveau siècle boirait, que la qualité chanterait plus fort que la médiocrité. En avions-nous discuté, soir après soir ! Je me rappelle son ombre modeste – je n'ai même pas un médaillon le représentant – son dessin d'un petit écureuil aux yeux rouges.

Les yeux rouges sont miens maintenant, je suis comme dans une cage – « la cage de la

---

1. Vraisemblablement la tuberculose.

petite veuve » – tout le monde me donne des conseils, le dégoût me remonte dans la bouche, on me dit qu'il ne me reste plus qu'à élever ma fillette, à devenir un fantôme à mon tour en me rendant tous les jours au cimetière ; ma sœur va s'occuper de moi, nous élèverons nos enfants ensemble [1]...

Babouche, il faut m'ôter tout ça de la tête, me traiter comme une grande personne. Pourquoi, après le départ de l'homme, la femme n'est-elle plus rien ? Mon père m'affirme le contraire, que je m'habituerai à être sans mari, à travailler ; il veut bien m'aider, je deviendrai forte.

Nous nous reconnaissons toujours lui et moi, mais nous ne sommes pas assez de deux. François avait choisi, face à la concurrence anglaise, de privilégier le commerce du vin [2]. Vais-je continuer dans cette voie ? Avec quel argent ? En sachant que Moët, un de nos plus sérieux concurrents, a été à l'école de Brienne avec l'Empereur, qu'ils ont des liens privilégiés...

Il n'y a pas un mois, Napoléon a gagné la bataille d'Austerlitz, il vient de signer le traité

1. Clémentine Ponsardin avait épousé en 1800 un veuf, Jean-Nicolas Barrachin, dont elle avait trois jeunes enfants à l'époque du veuvage de sa sœur.

2. En 1798, les étoffes représentaient les trois quarts de ses stocks et les vins un quart ; en 1803, la proportion était inverse.

de Presbourg[1]. « A sa voix, écrit Chateaubriand, les rois entraient ou sautaient par les fenêtres. »

En ce lugubre début d'année 1806, je cherche de l'argent, des associés – grâce à Nicolas Ponsardin, je les trouve. D'abord mon beau-père que je convaincs de ne pas retirer son argent de l'affaire en souvenir de son fils – qu'il ne prenne pas la fuite, mon Dieu ! Ensuite, en persuadant Louis Bohne, rentré dare-dare de Russie, de continuer à faire ce qu'il fait si bien – « le plus grand plaisir de ce peuple [russe], écrit Custine, c'est l'ivresse, autrement dit, l'oubli. » Louis Bohne non seulement accepte de garder le marché russe, mais il accepte aussi de sacrifier sa rémunération de futur associé que je lui propose, en attendant des jours meilleurs.

Sur son lit de mort, François avait parlé de Jérôme Alexandre Fourneaux, un négociant et un viticulteur bien connu sur la place de Reims. Nicolas Ponsardin me l'amène, non pas dans une pelisse de loup, comme Louis Bohne est arrivé de Russie, mais avec des propositions qui me conviennent. Pour cinq ans ? lui dis-je. Pour quatre, me répond-il, et voici constituée la société « Veuve Clicquot, Fourneaux et

1. 26 décembre 1805.

Cie » dans laquelle nous apportons chacun 80 000 francs, tandis que Philippe Clicquot laisse 30 000 francs dans les caisses.

« Tout est guerre, guerre, guerre ! », gémit Louis Bohne. 1805, Austerlitz ; 1806, Iéna. « Bonaparte fait prisonnière à Potsdam l'épée de Frédéric[1] », écrit Chateaubriand. L'Autriche et la Prusse sont momentanément hors de course, les victoires ont un goût éclatant, le commerce, lui, a un goût amer. « Chaque figure porte l'empreinte du chagrin, et l'on peut dire du désespoir », m'écrit Louis Bohne.

Les principales maisons de champagne se livrent entre elles à une concurrence acharnée, Heidsieck, Moët et un certain M. Jacob qui semble la bête noire de nos voyageurs.

Après la mort de François, j'ai eu à cœur de recevoir un à un les employés de la maison, ils sont peu nombreux : une dizaine de permanents nourris, logés, blanchis par nos soins et payés en un seul versement, une cinquantaine de saisonniers réglés en espèces chaque fin de journée et nourris en général à midi. Jacob (un homonyme du précédent), le tout nouveau chef de cave de mon mari, accompagné de Flicoteau, son prédécesseur, est venu me voir

1. Chateaubriand, *op. cit.* Il s'agit de Frédéric-Guillaume III (1770-1840), roi de Prusse.

pour m'annoncer, les lunettes embuées, que la récolte de cette année étant détestable, le futur champagne serait détestable…

A cette époque-là, « Veuve Clicquot, Fourneaux et Cie » ne possède aucune vigne en propre et achète tous ses vins à l'extérieur. Depuis la Révolution, en raison de la vente des biens d'Eglise et des biens des émigrés, « l'extérieur » consiste en une nébuleuse de petits propriétaires qui se sont partagé le vignoble ; rares sont ceux qui possèdent locaux et matériel nécessaires à la transformation du vin ; rares encore ceux qui peuvent se permettre de tirer leur vin en bouteilles et de les faire mousser ; très peu nombreux enfin ceux qui commercialisent le fruit de leur tirage [1].

En accompagnant François dans ses tournées auprès de ses fournisseurs – une soixantaine – j'avais très bien compris sous ma petite ombrelle coudée qu'entre vigneron et marchand, le partage était net. D'où l'importance du tonnelier qui goûte les essais et décide des approvisionnements – il est le marieur-chef – aidé des courtiers qui effectuent les choix préliminaires ; d'où aussi l'importance d'être soi-même – ce qu'Alexandre Fourneaux, dans le secteur de Rilly et moi, grâce à François, dans

1. Michel Etienne, *op. cit.*

celui de Bouzy et de Verzenay, sommes – propriétaires de vignes pour savoir apprécier qualités et défauts d'un vin.

Nous ne connaissons ni les sucres ni les ferments, nous ignorons que leur présence dans le raisin combinée à une certaine température entraîne la prise de mousse. Davantage dans les vins de la Champagne que dans d'autres vignobles plus méridionaux, par exemple la Bourgogne : les vendanges chez nous sont plus tardives, la première fermentation s'arrête dès l'entrée de l'hiver et ne reprend qu'à l'arrivée du printemps.

Nous savons en revanche qu'un champagne se « construit » par l'assemblage de cépages divers – raisins blancs et raisins noirs – très soigneusement choisis et identifiés [1] et c'est sur ce point que nous reconnaissons en la personne de dom Pérignon [2], procureur de l'abbaye de Hautvillers, non loin d'ici, notre grand ancêtre. Non qu'il ait inventé la mousse, comme on l'a dit, mais comme ayant eu la main particulièrement heureuse dans la technique des assemblages.

---

1. Aujourd'hui seuls cinq cépages sont autorisés dans la confection du champagne, le pinot noir et le pinot meunier (raisins noirs), le chardonnay, l'arbane et le petit meslier (raisins blancs).

2. 1638-1715.

Cette énorme chevelure qui nous échappe toujours, il faut à un moment l'embouteiller : l'opération s'appelle le « tirage », elle a lieu à des dates variables, le plus souvent fin mars, début avril de l'année suivant les vendanges. C'est ensuite la danse ! Nous descendons nos bouteilles à la cave pour au moins un an. Ainsi confiées aux ténèbres, gagneront-elles le suffrage des anges ou se comporteront-elles comme des chiens fous donnant tantôt des vins qui moussent, tantôt des vins qui ne moussent pas, des vins troubles ayant des yeux de crapaud, des vins qui étouffent derrière leur paroi de verre et la brisent – un taux de casse de 20 % est habituel.

Plus je me renseigne, plus j'apprends que « la mousse du vin de Champagne [...] est [...] une sorte de Protée[1] pour les négociants et les propriétaires les plus expérimentés ». Alors pour moi qui ne sais rien ! Qui sais cependant une chose depuis que j'ai fourré mon nez dans ce commerce, une chose que me répétait François de son vivant et qui semble en parfaite contradiction avec ce que je viens de dire : nous devons faire tout mieux que nos concurrents, viser la première place, acheter, tant pis, les vins les plus chers de la place afin de parvenir à la perfection.

1. Dieu grec qui changeait de forme à volonté.

« Une seule qualité, la toute première », telle est ma devise depuis le premier jour.

Bien entendu les bouteilles mises dans le noir ne se sont pas tenues tranquilles : les cellules des levures se sont multipliées pendant la fermentation et ont formé un dépôt qui rend le vin trouble, alors que les clients le veulent clair. On sort ce fond ténébreux, filandreux en faisant dégorger les bouteilles – imaginez-vous le temps perdu à ce remuage – on recommence autant de fois que nécessaire. Puis on procède au dosage, c'est-à-dire qu'on croise le vin, qu'on le détend avec toutes sortes de trucs : selon les années, on lui ajoute de « l'esprit » – cognac ou eau-de-vie – pour corriger son acidité, ou bien on le teinte à coups de liqueur de Fismes (à base de baies de sureau bouillies et de crème de tartre) pour obtenir des champagnes rosés ; pour le clarifier, on le colle ; on le sucre avec une solution sucrée, bref on veut le voir gai comme un oiseau des bois quand il sera enfin commercialisé au bout de deux ans. Nous ne voulons pas d'un champagne tranquille !

Jour après jour, je m'empoigne pour ne pas m'enfuir, je ne côtoie que des hommes, hormis les femmes qui sont à mon service et ma petite Clémentine qui me fait des yeux tristes, parce qu'elle me voit trop peu. Alexandre Fourneaux supervise le travail de cave avec Jacob ; il s'occupe de la correspondance avec les voyageurs et en particulier avec Louis Bohne, choisit armateurs et voituriers pour les expéditions – il faut tout prévoir, surtout le pire, tempêtes, échouages, bombardements, capitaines ivres, voituriers « sauvages en droiture », voitures non couvertes ou non suspendues. Entre 1802 et 1813, la maison sert environ 1 600 clients dans une planète emportée par la guerre. Notre marchandise est la plus fragile qui soit, la paille est supposée la protéger contre les écarts de température et contre les chocs, non pas contre les drôles : « Il faut qu'il y ait des fripons parmi vos empailleurs, nous écrit Louis Bohne de Riga, en août 1807, car ce n'est pas dans les couches supérieures qu'est le manque, mais au milieu et au fond de la caisse. »

J'ai la haute main sur le personnel, le travail de bureau, la comptabilité – dire l'horrible quantité de force que ça m'a demandée ! Droits de douane, taux de change des monnaies, recouvrement des créances, gestion des stocks, des dettes, j'ai pris les frontières en haine, les guerres en haine, j'arrive au pire moment de l'Histoire, au moment où ce diable d'homme – Napoléon ! – concocte jusqu'à l'invasion de l'Inde, installe ses frères sur tous les trônes[1],

1. Joseph, Louis et Jérôme sont faits roi de Naples, de Hollande et de Westphalie.

attaque presque simultanément la Russie, l'Espagne et Rome !

Tout de suite après la constitution de la société, j'avais envoyé une circulaire revêtue de la signature originale de mon associé et de la mienne à nos correspondants, leur disant la chose suivante : « Nous vous prions de bien vouloir agréer favorablement les vœux que nous formons pour la continuation non interrompue des prospérités qui planèrent sans cesse sur vos opérations[1]. » Tous m'avaient répondu aimablement – l'apparition d'une femme, d'une veuve en robe noire, n'était peut-être pas leur plus cher désir.

1. 1802-1808 furent de bonnes années pour la maison, à l'exception de 1807.

CHAPITRE IV

Louis Bohne

Ses mains sont ornées de petits bouquets de poil roux à chaque phalange ; il déteste nos concurrents, Tronson-Jacquesson qui fera faillite en 1811, Moët d'Epernay qui règne sur le marché parisien, Ruinart – « Monsieur Ruinart est le matador en cette ville » (Dantzig). Il abhorre par-dessus tout les Anglais, « ces harpies maritimes [...] Ils ne prospèrent que par le trouble et la mort [...] Puissent-ils passer l'hiver plutôt au fond de la mer que dans leurs îles iniques, repaire des assassins de la prospérité et du bonheur du genre humain. »

Quand mon mari l'a rencontré à Bâle, en 1801, Louis Bohne venait de quitter une maison de commerce dont la spécialité n'était pas le négoce des vins, il était à la fois lourd et léger, jeune et mûr, toujours très préparé à tout, surtout à faire un bon coup. « Savoir vendre, pouvoir vendre, et vendre[1] ! » : telle aurait pu être sa devise. Des politiques, il se méfie, tantôt il traite Napoléon de « Grand Monarque », tantôt de « génie infernal qui a tourmenté et ruiné le monde ». L'impératrice de Russie est-elle enceinte qu'il se réjouit : « Quelle bénédiction pour nous si c'était d'un prince qu'elle pût heureusement accoucher. Des flots de champagne seraient bus dans cet immense pays[2]. »

Son premier voyage pour le compte de la maison a été un échec qu'il résume par cette formule laconique : « Nullité complète des affaires d'Angleterre. » Prix trop élevés dus à des taxes trop élevées, spéculation des marchands anglais en vins, beaucoup de contrebande, beaucoup de concurrence, la mode outre-Manche, en ce début de siècle, est au porto et « l'accès auprès des grands seigneurs est de la plus grande difficulté ». Jamais Louis Bohne ne se sentira à l'aise dans ces univers où l'on parle de manière à ne pas être compris, en affectant d'être bègue, par exemple, où le dandy succède au *fashionable*, « indifférent au cheval qui est entre ses jambes par hasard » – d'ailleurs Chateaubriand leur

1. *Gaudissart II*, Honoré de Balzac, 1844.
2. 1806.

a réglé leur sort à ces insulaires : « Tous les Anglais sont fous par nature ou par ton. »

Ils ont pourtant été les premiers à raffoler du champagne et dès que la législation interdisant le transport des vins en bouteilles a été modifiée[1], les ports français se sont remplis des caisses de ce vin qu'ils ne veulent ni trop sucré ni trop mousseux, mais doté de « beaucoup de montant et de feu ».

Louis Bohne est un Rhénan, l'âme ouverte sur l'Europe du Nord et du Centre, ne craignant ni la rumeur des écluses ni la bruine ni les ponts ni « l'énorme passade du courant ». Il ira pas à pas dans cette grande Europe, rien ne lui fait peur, pas même les idées saugrenues de son employeur : « Vous me dites d'aller dans la Laponie danoise. Ce pays n'est peuplé que de très pauvres gens qui se nourrissent seulement de poissons et de lait qu'ils tirent de leurs rennes. » Trois voyages le conduiront des rives du Rhin à celles de l'Oder, puis en Pologne et en Prusse orientale, enfin en Russie où il passera trois ans (octobre 1806, août 1809). Ou bien, comme le dit Custine, « un jour et une nuit de six mois chacun [car] l'obscurité peu profonde de l'hiver dure autant qu'a duré le jour douteux et mélancolique de l'été. »

1. Jusqu'au 25 mai 1728, la législation française sur le commerce des vins interdisait leur transport en bouteilles.

J'apprends la géographie en suivant Louis Bohne, le doigt sur une carte. De mer en mer, de port en port, il s'en va toujours vers le nord et vers l'est, ballotté sur les flots, puis jeté sur les routes, traversant tantôt la neige et les steppes, tantôt des étés infestés de moustiques. Les expéditions de bouteilles s'effectuent au printemps et à l'automne pour fuir les écarts de température, mais on ne fuit rien du tout dans ces pays excessifs, où de longues traînées lumineuses permettent aux voyageurs d'écrire bien après le coucher du soleil. Louis Bohne me répond en général que tout va mal.

Ses voyages sont un perpétuel jeu de cache-cache avec les droits d'entrée, les vins mis « hors commerce », c'est-à-dire purement et simplement interdits de vente, comme en Suède ou dans les Etats d'Autriche ; avec les octrois, les licences d'importation qui tardent à être délivrées ou lui sont refusées, tandis que le vin, sous le soleil du temps qui passe à attendre le bon vouloir des douaniers, devient « comme du beurre rance ». Les assurances doublent [1], les soldats pillent, au blocus continental de Napoléon, les Anglais ont répondu par un blocus maritime, paralysant petit à petit tous les ports français, de Dieppe à Marseille.

1. De 12 à près de 20 % entre 1807 et 1808.

Le commerce nous échappe, les maisons de champagne rappellent un à un leurs voyageurs, Louis Bohne s'obstine à rester en Russie, empruntant l'identité d'un commerçant de Lübeck et faisant croire aux Russes qu'il travaille pour une entreprise de commerce de produits coloniaux ! Je lui demande de filer toujours plus loin, en droschki basses à faire peur, touchant le ras des routes, à cheval – à peine leurs chevaux sont-ils apprivoisés – en houppelande, en habit de cour, en tapis volant…

Dans le dos gras du monde, Louis Bohne plante ses dents avec la plus extrême prudence – il est conscient de la fragilité du produit qu'il place, ne se gêne pas pour me mettre les points sur les i : « Expliquez-leur à chaque envoi bien soigneusement, non en termes généraux, mais exactement, ce que vous croyez du vin que vous leur expédiez, s'il incline à la graisse ou pas, s'il pourra prendre du dépôt en route, s'il y aura belle ou peu de mousse, s'il est sec, s'il a peu ou beaucoup de vin. En un mot, parlez-leur comme Jacob votre tonnelier vous parlerait à vous. »

Que peut Jacob, mon tonnelier, aux mers déchaînées, à la planète emportée, aux mauvaises récoltes ? Parfois Bohne m'attrape, se met en colère contre le vin : « Il est maigre, mais très maigre, petit et verdelet, point de velouté, point de nerf… » Il me pique au vif, fait passer un coup de froid sur nos relations.

Je lui ai offert un *Don Quichotte* en six volumes qui l'accompagne dans ses voyages ; il ne s'en sépare jamais, non plus que de sa guitare, de ses bâtons de sucre à la rainette ni de ses flacons de miel « pour la salubrité de l'haleine et la conservation des dents ». A sa manière, il est coquet, il trouve que les Russes sentent le chou aigre, « mêlé à une exhalaison d'oignons et de vieux cuirs gras parfumés », que « poussière, fumée, chaos et néant, voilà tout ce qui peut sortir de ces têtes inconsistantes »[1].

Les chiffres prouvent pourtant le contraire : les Russes se réveillent le matin en buvant, restent droit sur leurs hanches en buvant, écoutent bourdonner les fleurs en buvant, saisissent d'une main leur belle en buvant. Rien qu'en 1807, plus de 50 000 bouteilles de commandes russes ! Le tzar n'a-t-il pas reçu Napoléon sur un radeau amarré sur le Niémen ? A eux deux, à Tilsit, auraient-ils dévoré la Prusse[2] au champagne ? Attirés par la hausse des prix et par les profits à réaliser, les acheteurs russes se laissent enfin convaincre

1. Custine, *op. cit.*

2. Celle-ci perd sa part de Pologne, le Hanovre, tous les territoires qu'elle possède à l'ouest de l'Elbe, cinq millions d'habitants sur dix.

d'autoriser le transport des bouteilles par voie de terre, la plus risquée, mais la seule possible.

L'acheminement de la marchandise est ruineux, se faire payer est un casse-tête, les pertes sur les changes sont imprévisibles. Parfois j'envoie tout promener, j'accuse les corneilles volant devant moi, les averses, les cimes des arbres qui se dépouillent, « Grondez, grondez, très injustement comme le font vos deux dernières [lettres], me répond Bohne, mais ne soyez plus triste ». Je revois tout à coup ses cheveux ébouriffés, comment il est capable d'évoquer, mieux qu'un peintre, la teinte bleuâtre des jours russes, de tomber malade de découragement : « Je jaunis comme un coing, n'ai plus ni sommeil ni appétit, et dépéris à vue d'œil » (1808).

Car même à la Russie, il faudra renoncer ! Le tzar n'est plus le frère de notre empereur qui épouse une jeune princesse de dix-huit ans, Marie-Louise, fille de l'empereur François Ier d'Autriche (1810). Le tzar ouvre ses ports aux neutres, c'est-à-dire aux Anglais, frappe de surtaxes les importations françaises, vins, eaux-de-vie, objets de luxe. En 1809, en accord avec Alexandre Fourneaux[1], l'ordre du repli est

1. L'association Veuve Clicquot, Fourneaux et Bohne qui devait prendre fin en 1809 est prorogée d'un an afin de faire rentrer les liquidités nécessaires au payement de la dette.

donné. Au mois d'avril, Bohne entame son retour à Reims. « Aux expéditions téméraires succédait désormais la plus grande prudence [1]. »

Il ne quitte toutefois pas la Russie les mains vides : il prend auprès des grands négociants des commandes réalisables dès la fin des hostilités. Dès 1809, il croit que s'élèvera un jour « un édifice splendide au retour de la tranquillité en Europe ». Ce jour-là, il faudra faire vite – « Mettons toute notre adresse à faire arriver les *premiers* [2] nos vins [...] *quand les circonstances le permettront* » (15 et 26 janvier 1809).

Babouche a été nommé maire de Reims (6 juillet 1810). Il aime les beaux discours – que d'occasions d'en prononcer ! – les mariages, les fêtes. Il va recevoir à tout bout de champ à l'hôtel de ville, nous présenter Clémentine et moi comme ses « chères brunes », alors que je suis blonde ! Son visage s'est fané en même temps que le mien, il faut compter trente-trois ans entre le moment où il m'a donné le jour et ce matin où il m'a dit : « Je m'en gondole. » D'être maire ? De me voir prendre de l'âge ? Ou de la vie ?

1. Michel Etienne, *op. cit.*
2. Souligné dans le texte.

CHAPITRE V

La comète

A-t-elle existé ? Avait-elle ou non une queue ? Mes amis les savants et moi ne sommes d'accord sur rien depuis que tout en haut du domaine des Grands Noirs, près de Bouzy, un soir de juin 1811, si merveilleusement sculptée par la nuit, m'apparut la comète dont j'ai fait depuis mon emblème [1]. Elle roulait sur elle-même, semblant annoncer les prodiges qui nous attendaient, et surtout, dans le torrent des événements qui allaient fondre sur nous, pauvres mortels, qu'elle me donnerait une

1. « L'exceptionnelle qualité des vins de 1811 fut attribuée au passage d'une comète. Pour commémorer cet événement, les marques "à l'étoile" ou "à la comète" firent leur apparition ». F. Crestin-Billet, *op. cit.*

audace qui étonnerait la Champagne et plus tard l'univers.

« Ce n'est plus en vin, c'est en vain que je suis voyageur aujourd'hui, m'écrivait au début de l'année 1810 Louis Bohne ; il n'y a pour ma peine que des nez et portes de bois, de mauvais compliments, et pour vous, point d'affaires. » On connaît la suite, son retour en France, son visage rose devenu tout jaune sous le coup de la déception, de la maladie. La dissolution de la société prévue en février 1811 est avancée d'un an ; tel le roi Lear, errant dans mes caves et tâtonnant de mes mains leurs parois que je connais si bien, je décide de créer ma propre affaire qui s'appellera désormais la maison « Veuve Clicquot Ponsardin », dont je posséderai seule la signature. Nous sommes en été (1810), j'ai été me recueillir à Notre-Dame[1] pour trouver dans le creux de sa pénombre des souvenirs de Jean-Baptiste et de moi nous livrant à nos jeux de galopin dans ce qu'elle était alors, de la pierre cassée, des murs noircis, des toits effondrés, pour y puiser, dis-je, la force nécessaire à m'établir.

Nicolas Ponsardin m'y encourage – il a toujours eu la bonté, le geste, foi en moi – il voit pourtant la vie beaucoup moins en rose depuis

1. Nom de la cathédrale de Reims.

qu'il est maire. « Je suis entré dans le palais des trahisons », me confie-t-il. Napoléon l'a nommé baron, je me moque de son tortil[1] en lui disant qu'il ressemble à un rond de serviette, même cela ne le déride pas.

Le Grand Empire est à son apogée, il compte cent trente départements, l'Empereur est souverain de la Confédération du Rhin, médiateur de la Confédération helvétique, roi de l'Italie ; Naples, l'Espagne et le Portugal sont ses Etats vassaux ; Elisa, Pauline, Jérôme, Murat, Joseph trônent, Talleyrand et les grands généraux sont princes ou ducs, mais la misère est partout, les jeunes gens fuient la conscription, un horrible visage de la guerre s'est montré en Espagne[2]. On souffre de la vie chère – va-t-on revoir les émeutes de la faim à Reims, les faillites donnent le frisson –, est-ce le moment de voler de mes propres ailes ? Après Wagram, victoire difficile, mais victoire quand même, on raconte que Decrès, ministre de la Marine, a déclaré à Marmont qui vient d'être nommé maréchal : « Eh bien Marmont, vous voilà bien

1. « Terme de blason. Lambrequin ou ruban qui s'enlace autour d'une couronne ; c'est l'ornement spécial du baron. » *Littré.*

2. Capitulation des troupes françaises à Bailen, le 22 juillet 1808, de Junot à Cintra, au Portugal, le même été, et fuite du roi Joseph.

content… Vous voyez tout en beau. Voulez-vous que moi, je vous dise la vérité, que je vous dévoile l'avenir ? L'Empereur est fou, tout à fait fou, et nous jettera tous, tant que nous sommes, cul par-dessus tête, et tout cela finira par une épouvantable catastrophe[1]… »

Pour achever de me saper le moral, Louis Bohne se marie : « Je vais satisfaire à une loi de plus de la société », m'écrit-il sans davantage de détails. Je découvre à cette occasion que je ne sais pas l'âge qu'il a ni si, au cours de ses voyages, il a noué de quelconques amitiés féminines, il me dit toujours, en parlant des femmes russes, qu'elles sont « d'une laideur remarquable et d'une malpropreté repoussante ». Il n'y a guère plus de cent ans que les Russes les tenaient sous clef. Je réalise soudain le nombre de soirées solitaires qu'il a dû passer, de pain amer qu'il a dû avaler, de peurs qu'il a dû éprouver au milieu de cette nation d'esclaves, d'espions, où il ne faut jamais parler politique – « Ne me parlez jamais au nom de Dieu de politique » (1807), où « la crainte remplace, c'est-à-dire paralyse la pensée », où l'on cherche en vain une figure gaie – « on ne rit pas quand on ment »[2]…

1. *Mémoires* du maréchal-duc de Raguse, Paris, 1857.
2. Custine, *op. cit.*

Plus un seul commis voyageur depuis 1810. Plus un seul de ces jeunes gens « de belle main », d'un âge fait, d'une physionomie agréable et prévenante, parlant allemand, bien sûr, tous issus des pays rhénans ou de régions proches de la frontière. « Cette présence très forte des Allemands dans le personnel des maisons de champagne est une caractéristique générale au début du XIXe siècle. Dès cette époque, un grand nombre de "marques" portaient des noms à consonance germanique[1]. »

J'ai moi-même engagé un directeur, M. Kessler, originaire des environs de Mayence, que Bohne m'a amené. La première tâche à laquelle nous nous sommes attelés dans la nouvelle maison « Veuve Clicquot Ponsardin » a consisté à dresser les inventaires de mes stocks de départ : 59 986 bouteilles de vin, 72 pièces de vin, 10 365 bouteilles vides, 124 500 bouchons – encore ne s'agit-il que de vin récolté dans mes propres vignes car c'est là-dessus, avant tout, que nous allons vivre pendant ces années de vaches maigres.

En 1809, le bilan encore très légèrement excédentaire l'année précédente a basculé dans le rouge. Comment survivre ? En se recentrant sur le marché national : plus de la moitié

1. Michel Etienne, *op. cit.*

de nos bouteilles y sont vendues en 1812, beaucoup dans les ports, Dieppe, Guingamp, Jarnac, nous fermons les yeux sur ce qui se passe après, mais si vous voulez le savoir, je vous murmure à l'oreille que ces bouteilles partent en contrebande, devinez pour où ? pour l'Angleterre !

Ensuite, en changeant nos produits, en vendant de plus en plus de vins tranquilles qui sortent de chez moi ou des vignes d'Alexandre Fourneaux, vins rouges de Bouzy, Rilly, Mailly, Verzenay, que nous commercialisons dans les départements belges, hollandais et allemands de l'Empire français, mais aussi dans les villes italiennes, dans les provinces illyriennes cédées par l'Autriche « et devenues, grâce à la tolérance des autorités françaises, une voie nouvelle pour la contrebande que les Anglais menaient en Méditerranée à partir de Malte ».

Nous vendons aussi du cognac, des eaux-de-vie, rarement des vins de Bourgogne, du Malaga, des muscats de Frontignan et de Lunel ; pour obtenir des banquiers des « retours » sur Paris moins désavantageux, nous nous livrons au troc : contre des caisses de vins invendues ou invendables, nous proposons des « vallonnées », sorte de noix de galle servant pour la teinture noire, ou bien encore des laines d'Espagne ; toutes ces affaires se révèlent très mauvaises : « La spéculation a plus ou moins raté parce que tout le monde s'est mis à faire la même chose », m'écrit Föhrmann, de Vienne, en 1807.

Le brouillard de novembre 1810, suivi de fortes gelées, l'engorgement de nos caves, le silence des cours des celliers où l'on n'entend plus les rinceuses rincer avec du gros plomb de chasse les bouteilles vides, la toux de Clémentine qui me rappelle de mauvais souvenirs : pour la première fois depuis la mort de François, je suis saisie de découragement, mon imagination n'imagine plus que des catastrophes, j'ai l'impression d'être assise au bord d'une ravine noire qui s'appelle la faillite.

Le client paye mal, c'est la règle générale : trois, quatre mois de délai, si ce n'est six ; à partir de 1808, il paye encore plus mal, accepte encore plus difficilement que transport et assurances soient à sa charge. Entre cette année-là et celle qui suit, nos ventes s'écroulent (plus de 60 % de baisse !), les sommes engagées dans les approvisionnements restent engagées et le vin « chôme » en cave.

J'y descends souvent, elles sont pour moi comme une espèce de paroisse, mes doigts connaissent chaque anfractuosité de leurs murs qui me séparent du monde des vivants, j'y parle, le croiriez-vous, tout haut : aux bouteilles, aux grandes verreries qui les fabriquent – « Pas de bouteilles trouées au cul ! leur dis-je, pas de col bleu[1] ! » ; aux bouchons dont nous a privés la guerre d'Espagne ; aux stocks – si l'essentiel n'est pas écoulé en deux ans, gare !

Les traites de mes banquiers parisiens, elles gardent la cadence. Qu'ils s'appellent Ternaux, Petitpierre, Tourton, Rougemont ou Leclerc, le règlement des créances, comme des dettes, de la maison passe par eux et par la capitale : nos clients sont à l'autre bout du monde, règlent à crédit, nous habitons la province, la ville de Reims n'a aucun accès au marché international. Contrats, remises, engagements, tout atterrit sur le bureau de ces messieurs de la haute banque, aux manières irréprochables, qui ne prennent aucun risque pour leurs établissements. Mes découverts sont âprement négociés, la délivrance des passeports nécessaires à nos voyageurs, dont ils s'occupent parfois, s'effectue au compte-gouttes, mes bilans sont examinés à la loupe, frais bancaires, comptes et charges d'intérêts se payent au prix fort. Ces gens-là me fatiguent.

Je voudrais tant rendre le vin moins indocile, débarrasser les bouteilles de leur sable[2], qu'elles

1. « La couleur bleue du verre, à hauteur du col, était considérée comme un signe infaillible de cuisson insuffisante. » Michel Etienne, *op. cit.*

2. Dépôt formé par la multiplication des levures pendant la fermentation.

ne cassent plus. A quoi me sert de vivre avec elles depuis mon enfance, de les avoir regardées avec tant d'amour et tant d'espoir si je n'arrive pas à les faire dégorger plus vite ? Imaginez-vous le nombre de manipulations que requiert cette opération : attraper la bouteille par le col, le goulot incliné vers le sol, la placer devant la lumière pour apprécier l'importance du dépôt, par un mouvement plus ou moins sec du poignet l'agiter pour faire descendre le dépôt le long de la paroi de verre avant de la replacer sur son râtelier. Et répéter ces gestes je ne sais combien de fois jusqu'à son dégorgement définitif ! C'est trop lent, dis-je aux tonneliers. Savez-vous ce qu'ils me répondent : Ça s'est toujours fait comme ça ! Comme si je touchais à la majesté des choses ! Antoine de Muller que j'ai engagé en 1810 me donne raison.

Pendant ce temps-là, l'argent ne rentre pas, nos concurrents, que Louis Bohne appelle « le torrent des gâte-métiers », proposent des billets à un an, des délais fantaisistes. « Cela n'a pas le sou, poursuit-il, et cela va faire don généreux, ne demander que la moitié du montant de la facture à l'expédition, et puis cela viendra vous demander 6 francs pour faire aller sa marmite. Corps bleu, la colère m'étouffe ! »

Mais tu as de quoi, Babouchette, faire aller ta marmite, me dit Nicolas Ponsardin pour me rassurer. Après un hiver très rigoureux, le printemps 1811 a été sec et chaud et la vendange superbe. On baptisera ce vin « le vin de la comète », on le vantera comme étant magnifique, mais si nous ne le vendons pas, il nous brûlera la gueule ! Comme tu y vas ! me dit Nicolas Ponsardin qui trouve toujours des raisons de se réjouir et moi de m'inquiéter. Oui, le roi de Rome est né en 1811, la dynastie semble assurée ; non, les soldats de la Grande Armée, l'année suivante, n'ont pas sablé le champagne en Russie !

La nation menace de se disloquer, tout juste si de Reims on n'aperçoit pas l'incendie de Moscou ; l'affreux courroux de l'hiver a fait périr des centaines de milliers de pauvres soldats, ma mère est aux quatre cents coups, comme si les mots : « Faim, Mort, Invasion » ressurgissaient.

Tout va effectivement très vite, les Alliés traversent le Rhin en décembre 1813, Bernadotte entre aux Pays-Bas, Prussiens et Autrichiens nous tombent dessus par le Nord, la vallée de l'Escaut ; ils vont bientôt nous passer sur le corps pour atteindre Paris.

Le 25 janvier 1814, j'ai donné l'ordre de faire murer les caves, Reims baigne dans une atmosphère sépulcrale. Commence un incroyable mouvement d'armées vaincues et d'armées victorieuses ; les vents soufflent, les grenouilles noires ressortent des marais, les oiseaux migrateurs s'affolent, égarés par les canonnades.

En février, l'armée russe battue à Montmirail recule et s'installe à Reims : 15 000 hommes dont la légende veut que je les ai saoulés ou plutôt laissés éventrer mes caves, en déclarant : « Qu'on les laisse faire. Ils boivent, ils paieront ! » Tout cela est faux, bien sûr, nous vivons dans la terreur d'être pillés, j'ai été obligée d'avoir recours à des ruses inimaginables pour faire revenir Clémentine de Paris où je l'avais mise au couvent – mais le couvent lui-même a dû fermer ! Vous ne savez jamais à qui vous avez affaire, au dolman bleu des Russes, au shako rouge des Autrichiens, aux Prussiens mourant de faim et de soif, à des espions de tout poil, à dents gâtées et cheveux teints. Le 5 mars, la ville est reprise par le général Corbineau qui laisse la place une semaine plus tard au corps prusso-russe de Saint-Priest, un nom bien français pour un ennemi de la France.

Nicolas Ponsardin, obéissant à l'ordre donné par le gouvernement aux fonctionnaires publics de quitter leur lieu de résidence, est parti pour une destination inconnue – je sais qu'il est au Mans, souffrant. N'ayant plus la possibilité d'exercer en toute indépendance sa fonction de maire, il ne s'est pas sauvé, comme le diront les bonnes langues après coup, il s'est mis à l'écart, l'âme agitée de pressentiments qui ont altéré sa santé.

Il y a des blessés partout, des explosions dans les faubourgs, des malheureux à chaque coin de rue. Voici que l'Empereur s'annonce : il arrive le 13 mars à bride abattue, pâle comme la mort. En l'absence de mon père, Jean-Baptiste, mon frère, le reçoit chez lui, rue de Vesle. Napoléon s'enivre de tapage, avance, recule, affole de poudre et de tambours l'Europe tout entière et particulièrement notre région, appelle son génie à l'aide : il est trop tard, il ressemble au vieux Chaos.

Tandis que l'impératrice et le gouvernement s'enfuient, les Tartares pénètrent dans Paris qui capitule le 30 mars, tandis que je fais monter des caves des bouteilles, l'esprit tendu comme si je lisais dans l'avenir. Me sont revenues en mémoire les exhortations de Bohne : « Pendant qu'ils clabauderont [nos concurrents], nous nous garnirons le gousset, et quand nous aurons écrémé le pot, nous rirons dans un coin. » Lui et moi décidons dans le plus grand secret de déclencher le plan que nous avons imaginé depuis cinq ans : envoyer au plus tôt un bateau bourré de vins de Champagne en Russie, y arriver les premiers par n'importe quel moyen de transport – même une barque en sapin fera l'affaire !

Début mai 1814, Louis Bohne est à Rouen avec l'ordre d'y trouver coûte que coûte un bateau. Tandis qu'en ville on entend sonner le tocsin jour et nuit, qu'on égorge les chevaux pour les manger, que la conversation de ma pauvre maman ne porte que sur l'état de santé de Babouche, mes caves toujours murées bruissent d'activité. Jusqu'à trente-cinq personnes s'affairent autour des cuves, dans les celliers et dans les galeries souterraines, je leur ai fait jurer de garder le secret absolu sur leur activité, afin de ne pas mettre la puce à l'oreille de nos concurrents. Manutention, emballage, empaillage, Jacob et moi sommes sur leur dos du matin au soir. Reims est pour la troisième fois aux mains des Russes et des Prussiens, la France est plongée dans une espèce d'anéantissement par l'abdication de l'Empereur[1], nous bondissons sur la fortune.

Le 6 juin 1814, aux toutes premières lueurs du soleil et aux tous premiers jours de la Restauration, le *Zes Gebroeders*[2], un petit navire hollandais jaugeant 75 tonneaux appareille de Rouen sous les ordres du capitaine Cornalis en direction de Koenigsberg tout d'abord, puis, espérons-le, de Saint-Pétersbourg. Il faut

1. Avril 1814.
2. Littéralement : *Six Frères*.

faire vite, la chaleur risque de détériorer les 10 550 bouteilles qui sont à bord en compagnie de Louis Bohne, de sa guitare, de cinq douzaines de fromages de Neuchâtel, de son *Don Quichotte* et de sa pâte d'abricot. Un mois plus tard, postée d'Elseneur, une lettre de lui m'apprend que le régime russe vient de lever son interdiction d'importer du vin en bouteilles. La comète ne m'a pas menti, j'ai osé !

Le 10 août 1814, je remets cela : un deuxième chargement quitte Rouen à bord de *La Bonne Intention*, commandé par le capitaine Cléroult : 12 780 bouteilles arriveront saines et sauves à Saint-Pétersbourg avant la fin de l'année. Comme m'écrit Bohne : « Le diable a quitté notre porte. »

CHAPITRE VI

La table de remuage

Quel spectacle inouï de voir une nation d'enfants – les Russes – saouls comme des mardis-gras ! De voir le tzar Alexandre Ier et sa mère, l'impératrice Maria Feodorovna, fêter la paix retrouvée au pavillon des Roses, en bordure de leur palais de Pavlovsk, avec mes vins ! Plus tard, d'être baptisée par Pouchkine « Klikofskoé », et que ce terme devienne là-bas synonyme de champagne. « Je suis le seul à m'être emparé de l'avenir, s'écrie Louis Bohne, et la Champagne étonnée de votre système raisonné... »

J'ai fait allégeance aux Bourbons d'une manière un peu précipitée, je l'avoue : « C'est ainsi que purifiés par une série de malheurs et de privations, nous sommes enfin redevenus dignes d'être gouvernés par notre ancienne

Maison de France, avec laquelle la Paix et la Concorde vont retourner parmi nous » (7 mai 1814). Babouche aurait-il déteint sur moi ? Il a retrouvé sa mairie, ses yeux se ferment souvent en parlant et il ne se rappelle pas s'il m'a vue hier. Paris est, paraît-il, « rempli de devins, de sorcières, de tireuses de cartes, d'illuminés, de prophètes, de jeunes filles qui faisaient des miracles, [...] lisaient dans l'estomac, [...] dansaient et prédisaient en dormant[1]. »

Il va être temps de renvoyer Clémentine au couvent des Anglaises, elle est d'une timidité qui m'inquiète, j'ai beau l'attirer sur mon cœur, Louis Bohne la traiter de « notre petite bique parisienne », elle ne demande qu'à être oubliée.

J'expédie de nouveau Bohne à Rouen en ce début de l'année 1815, d'où il m'écrit : « J'aime à croire qu'on ne reviendra pas de sitôt de sa frayeur en Champagne et que pour cette raison tout le monde balancera entre la crainte et l'espoir sans expédier. Quelle charmante occasion pour faire encore une fois ce que personne ne fait, et ainsi rester les premiers au marché septentrional. Quel jour avantageux tombera sur notre sagacité mercantile dans les contrées Boréales. Et notre gousset, comme il va s'en bien trouver, si nous avons bien servi ! »

1. *Mémoires*, de Madame de Genlis, Mercure de France.

Bien servir, tout est là ! Une qualité, la toute première ! Justifier que nos prix soient les plus chers du marché, parce que nos vins sont les meilleurs. Parfois je me demande : que vendons-nous ? Un petit peu de gaz carbonique qui envoie un bouchon au plafond ? De vilaines chansons à boire ? La débauche ? Le remords ?

Jetez-moi ce doute inutile, me dit Bohne. Pourquoi voir noir ce qui est rose ? S'encombrer d'un foie ? Refuser de trinquer si ça vous délie la langue ? Si vous ne sentez plus vos talons éreintés ? Si l'air vous appartient comme un baiser léger ?

Louis Bohne qui se dépeint lui-même comme « l'inquiétude personnifiée » n'est-il pas en train de vendre la peau de l'ours ? Il peine à trouver un capitaine pour repartir en Russie à nos conditions, c'est-à-dire respecter le secret absolu sur la cargaison qu'il transporte et n'en transporter aucune autre. « Là ! Là ! Là ! du noir dans l'esprit ? m'écrit Bohne, du chagrin ? de l'humeur même ? »

Mon flair me conseille de ne pas renvoyer Clémentine de sitôt à Paris, d'abandonner pour l'instant le projet de me commander une voiture à Strasbourg. Le 28 février 1815, l'Empereur revient de l'île d'Elbe. « L'annonce de l'arrivée de Bonaparte, écrit Mme de Genlis, me jeta dans de nouvelles terreurs, et en inspira beaucoup à Paris [...] Il entrait sans aucune suite dans les villes ; il se précipitait seul au milieu des multitudes de peuple assemblées ; et sa tête était à prix ! »

Allons-nous voir repasser par Reims le convoi de la royauté ? La légitimité retourner en exil au grand galop ? Les frontières à nouveau fermées, les ports paralysés ? Je prends les devants : aux premières heures du jour, le 30 mars, appareille de Rouen le *St Johannès* chargé de 590 caisses de mon vin pétillant ; il navigue sous pavillon hambourgeois. Le capitaine Ryke arrivera à Kronstadt après quarante-cinq jours de traversée. « Avec l'aide de Dieu et des postillons », Louis Bohne est parti par voie de terre. Le 12 juin, l'embargo général est décrété sur les ports. Encore une fois nous l'avons échappé belle !

Notre empereur, lui, n'a pas mis vingt jours à passer des bords de la Méditerranée aux Tuileries où il arrive le 20 mars 1815, vers neuf heures du soir, dans les murs encore chauds de la royauté. Les grenouilles noires ressortent des marais, l'Europe refourbit ses armes, « l'ennemi et perturbateur du repos du monde[1] » est mis au ban des nations. Revoici Reims au centre de l'orage, l'armée prussienne sur le Rhin avec Blücher, l'armée anglaise débarquée à Anvers, avec

1. Déclaration solennelle des Alliés, 13 mars 1815.

le général Wellington à sa tête, Napoléon qui se jette entre eux deux avec 124 000 hommes. 18 juin 1815, Waterloo, 22 juin, abdication de l'Empereur, 8 juillet, Louis XVIII rentre à Paris par un temps de chien ; je regarde la campagne inondée, l'horizon de la Montagne de Reims, cette incompréhensible chaîne du temps : je ne touche plus à la jeunesse et je ne touche pas encore à la vieillesse, je n'ai rien vu du monde, pas même la mer, des larmes me mouillent les yeux quand je pense à mon cher François que Louis Bohne appelle toujours : « Feu mon respectable ami Clicquot. »

« Je suis plutôt d'avis d'aller vous voir aussitôt que je pourrais », m'écrit-il. Louis Bohne n'a pas accompagné le chargement du *St Johannès* en Russie, mais s'en est allé à Heilbronn, dans son Wurtemberg, se proposant de recevoir là-bas les lettres de nos voyageurs, s'ils étaient coupés de la France. Et de voir ses deux jeunes enfants – je suis marraine du premier, Clémentine du second. « Aussitôt donc que je le pourrais, en raison des événements [...], afin de raisonner notre politique à fond, en mangeant ensemble force filets de bœuf et d'huîtres arrosés d'infiniment bon vin. »

Raisonner notre politique à fond... Qu'entend Louis Bohne par là ? Nos bouteilles passent par une cinquantaine de mains et par Dieu sait combien de manipulations. Comment les faire dégorger plus vite ? Leur débarbouiller le cul ? Je cherche toutes les solutions possibles sous mon bonnet ; le soir venu, j'enfile une toilette pour ne pas grelotter dans les caves et j'y descends dans mon suaire de flanelle sans que personne en sache rien.

Mon trousseau de clefs posé à côté de moi, c'est comme si je m'évadais du cercle des réalités humaines : je suis la bouteille, un peu de sable m'envahit, cela ressemble à une migraine, le sable passe mal, pourquoi ? Mes doigts travaillent, mon crayon dessine, ma tête dodeline, esquisse une solution, puis une autre, se remet à réfléchir – je suis d'une nature plutôt entêtée.

Au petit matin, le premier tonnelier qui descend à la cave n'en croit pas ses yeux : je suis toujours là, en robe de chambre, endormie, avec une petite grimace approbative sur les lèvres. Je convoque aussitôt un menuisier à qui je montre le croquis que j'ai dessiné pendant la nuit, je le plante devant la table de ma salle à manger et lui demande d'y percer des trous, comme sur mon croquis. Brigitte, ma cuisinière, et Clémentine, cachées derrière la porte, pouffent de rire.

Une heure plus tard, le plateau perforé est descendu à la cave. Ordre est donné de ne parler à personne de ma « fantaisie ». L'heure de vérité approche : je glisse une centaine de bouteilles dans les trous que j'ai fait percer – on vient m'espionner, mais je ne me démonte pas – le col incliné a deviné ce qui lui reste à faire : dégorger le dépôt dans le goulot. De temps en temps, ma main l'aide, mais sans effort ni déplacement de la bouteille. J'écris à Bohne : « Le dépôt descendu de lui-même dans le goulot n'a plus besoin, lorsqu'on la débouche [la bouteille], d'aucune préparation pour le dégorgeage [1], et l'on centuple ainsi la vitesse de l'opération. » Antoine de Muller prétendra par la suite qu'il est l'inventeur de cette méthode – je trouve l'histoire plus jolie telle que je la raconte, les grandes inventions ont toujours deux pères, le réel et le supposé... « Je vous fais mon grand compliment pour vos progrès en chimie », m'écrit Bohne, ce qui n'a rien à voir.

Cette fois, il me commande une voiture à Strasbourg : je la veux avec des parois tapissées de bleu foncé, avec des oreilles, des coussins et des galons jaunes ; je veux aussi deux fourreaux de pistolets et deux pistolets bons et bien sûrs, à

1. Dégorgeage ou dégorgement : « Une des dernières opérations de la préparation du champagne, au cours de laquelle les dépôts rassemblés au niveau du bouchon par remuage vont être expulsés. Initialement faite "à la volée" [...], cette opération utilise aujourd'hui le froid artificiel. Le goulot est placé dans un mélange réfrigérant : le dépôt est enrobé d'un glaçon et se trouve facilement évacué à l'expulsion du bouchon. » Michel Etienne, *op. cit.*

deux coups. « A mes aises », comme dit le père Bohne. Je m'en sers pour la première fois en juin 1816 pour me rendre à Heilbronn pour le baptême de son second enfant dont Clémentine est la marraine. Il est déjà reparti pour la Russie d'où il m'écrit : « J'ai trouvé des changements si extraordinaires [entre 1814 et 1816], si inattendus, tant en déchéance qu'en postérité [...], leurs fortunes [celles des nobles] gravement ébréchées par les suites de la guerre et de l'incendie. »

Les contrefaçons suivent le succès comme des corbeaux. Tout est copié, nos marques à feu[1], même notre ancre marine et l'étoile rappelant ma belle comète. Arrivent en Russie de faux vins de chez moi, jaunâtres, rougeâtres, n'ayant de champagne que le nom, m'écrit Bohne, « un infâme mélange de vins de Graves, de Sauternes, d'eau de bouleau et de liqueur », qui s'enlève hélas à Moscou « comme du pain chaud » !

Nous n'avons jamais réussi, lui et moi, à faire cesser ces vols. De temps en temps, on attrapait un contrefacteur en France, je le poursuivais, demandais qu'il soit marqué de la lettre F, F comme faussaire, à l'épaule et condamné à la

1. « Avant l'existence de l'étiquette, le seul moyen qui permettait d'identifier une bouteille de champagne était la marque à feu que l'on apposait sur la base du bouchon et qui se trouvait donc à l'intérieur de la bouteille. » F. Crestin-Billet, *op. cit.*

réclusion ; on essayait de m'apitoyer en me dépeignant ses enfants qui allaient se retrouver orphelins, sa femme plongée dans la misère... En général, le coquin s'enfuyait avant le verdict.

1817, « le vin est comme le tranchant d'un cimeterre, arrachant la langue et les boyaux », juge Bohne. Le roi de Wurtemberg le décore de la médaille d'honneur en or de l'ordre du Mérite. Il s'est mis dans la tête de me faire envoyer chaque année une circulaire, qu'on appellera la circulaire des vendanges, destinée à être lue par nos revendeurs, leur exposant ce que sera le vin qu'ils sont chargés d'offrir à notre clientèle. Il trouve mon écriture « engageante ». Pour le faire rire, je lui raconte les jupons, la soie, les chapeaux dont je suis obligée d'affubler Clémentine pour la sortir dans le monde. Dans les salons de Reims, on célèbre mon intelligence, mon sens du commerce ; on se tait quand j'apparais : personne ne croyait en moi à la mort de François ; être une jeune femme n'arrangeait rien à l'affaire. Je suis désormais « la reine du champagne ». Ma mère, ma sœur se sont jointes à la sottise générale, seul Babouche n'a pas changé.

43 000 bouteilles à destination de la Russie en 1816, 280 000 en 1821 ; nos bénéfices eux aussi s'envolent : 28 000 francs en 1815, 574 000 en 1821 ! Torrent de cancans ! Bohne se moque de

« l'heureux malheur qui [me] persécute dans trop grande quantité d'ordres à la fois ». Sa devise est : « Mieux envieux que piteux. »

La maison emploie de plus en plus de personnel ; à tous les voyageurs, on demande d'offrir une « figure agréable et prévenante », d'écrire au moins tous les douze ou quinze jours, d'avoir bon moral, même s'ils logent « chez un boulanger, avec les poules, les vaches, la maîtresse, les servantes, les pigeons et les mendiants dans la même chambre ».

Nous cherchons toujours de nouveaux marchés, la Grande-Bretagne, mais c'est trop tôt, les gosiers anglais n'absorbent pas encore[1] ce qu'absorbent les gosiers russes ! Nous proposons les premières cuvées millésimées[2], le champagne rosé que je n'obtiens plus en le croisant avec des vins de Bourgogne ou de la liqueur de Fismes, mais avec des vins de Bouzy que j'achète avec une patience de collectionneuse.

Je descends encore la nuit à la cave : la nuit est un agent de mon cerveau. J'y perfectionne ma table de remuage que tous mes concurrents ont copiée, en y faisant percer des trous obliques et

---

1. L'Angleterre est aujourd'hui le deuxième pays importateur de champagne Clicquot ; elle représente un marché plus important que le marché français.

2. La première cuvée millésimée a été créée en 1810 par Mme Clicquot.

non plus verticaux, afin que les bouteilles mises sur pointe soient disposées selon des angles différents. Comment me priver de cet antre taciturne qu'est une cave, qui me semble à moi, et à moi seule, un paradis ? A vingt ans, je fourmillais d'illusions, qu'ai-je à faire maintenant de ces gens qui me tournent autour, s'attribuent mon succès ? J'essaye de satisfaire les Russes qui veulent du champagne très sucré, très mousseux, pour « le plaisir de voir sauter le bouchon de lui-même en l'air et d'arroser avec la mousse les dames qui sont à table » ; les Anglais qui désirent « du vin pas trop doux, mais avec beaucoup de vinosité » ; les Musulmans qui tournent la loi en mélangeant du champagne à leurs sorbets.

A peine une récolte est-elle descendue à la cave qu'il faut penser à la suivante, à la taille, aux gelées tardives qui risquent de compromettre le débourrage des plants ; à la pluie, aux insectes dont raffole la nature ; à mécher[1] les fûts vides, le jour venu, à rassasier les vendangeurs, de soupe au chou, de fromage de Maroilles affiné trois mois à l'avance. Nous sommes tous au même fricot, nous rêvons tous à ce que la terre n'est pas – elle est basse, la vipère y fait ses petits – mais il est tant de soirs heureux, de nuits illuminées par les feux de sarments qui brûlent

1. En y brûlant une mèche de soufre.

de vallon en vallon, de bals à l'accordéon qui célèbrent la fin des vendanges.

Jamais, quand nous étions assis, mon cher père Bohne et moi, « dans le recueillement [de mon] cabinet, au coin de la cheminée, où notre nombre, nos idées réunies, fortifiant nos imaginations, tenaient jusqu'à la peur en respect », jamais, dis-je, je n'aurais cru en imposer au monde avec ma robe gris souris et lui avec sa tête à la Pickwick, sa bonne tête qui se séparait toujours de moi avec un sourire et ces mots : « A l'honneur de vous revoir. »

Ce chasseur patient, ayant toujours eu l'intelligence de ses produits, les exigeant aussi parfaits que possible, ne nous ayant jamais fait défaut pendant les vingt années qu'il a travaillé avec mon mari et moi, a trouvé la mort de la manière la plus infortunée qui soit : en tombant dans le Rhin, son pied ayant glissé du pont d'un bateau, le 4 janvier 1821. « Un quart d'heure de lutte avec torrents et glaces », m'écrit sa femme. On le repêche, on le ranime, tout semble aller bien « n'eût été le terne troublant de ses yeux », ajoute-t-elle. Quinze jours plus tard, il est foudroyé pas une crise d'apoplexie. Il avait surnommé la voiture qu'il m'avait commandée à Strasbourg, la choisissant et l'équipant autant à son idée qu'à la mienne : « la voiture Enfant de mon cerveau »…

DEUXIÈME PARTIE

Édouard Werlé

CHAPITRE VII

Comme des choux au marché…

On attribue à Clémentine les dots les plus fantaisistes, la ville de Reims me croit millionnaire, plus encore lorsque je refuse d'augmenter mes ouvriers ou quand j'écris à ma cousine Gard : « Premièrement, je ne donnerai pas 12 000 francs de rente à ma fille, parce que je ne le puis pas, ensuite je n'achèterai pas de rente sur l'Etat, parce que je n'aime pas un créancier qui du jour au lendemain peut me dire qu'il ne me doit rien […] Je serais ensuite forcée de vivre dans la misère ou d'être à charge de mes enfants, ce que je ne veux pas. […] Je ne veux pas être marchandée. »

Clémentine baisse les yeux chaque fois que le sous-préfet de Reims lui pose une question. Elle s'avalerait la langue plutôt que de proférer un mot. Hé bien ! Mademoiselle ? dit le sous-préfet qui s'entête. Ma pauvre fille tremble de lui répondre, le non se lit sur son visage. Elle va avoir dix-huit ans, en mars 1817 ; depuis six mois qu'elle est rentrée de Paris, tout Reims s'adonne à des pronostics. Soirées en ville, soirées chez moi, soirées chez ma mère et chez ma sœur, synonymes de contrainte et d'ennui, pendant lesquelles je tombe de sommeil. On prétend que j'ai dit à ma fille : « Ne pleure pas, Mentine, je t'achèterai de l'esprit quand je te marierai. » Ma peste d'arrière-petite-nièce, Mme Maldan, écrira plus tard qu'elle a « un nez d'oiseau, une bouche pendante ». Moi, je prétends qu'elle a tout pour plaire. Un maître des requêtes s'est présenté, qu'elle a éconduit comme le sous-préfet, un petit cousin a débarqué un jour dans notre salon : Clémentine a aussitôt été l'objet de sa sourde curiosité. Pas si sourde que ça : le surlendemain, il présentait sa demande. Vous serez heureux ailleurs, lui ai-je répondu. Je ne l'ai jamais revu. « On ne doit pas marchander les demoiselles comme des choux au marché... »

Le délicieux Louis de Chevigné est entré chez nous avec un tel naturel, une telle aisance que les yeux de Clémentine se sont enfin posés sur quelqu'un. Il a vingt-quatre ans et ne doit la vie qu'à la Providence. Il nous a raconté les circonstances de sa naissance, Clémentine buvait ses paroles, je n'étais pas en reste.

« Il y a dans les têtes bretonnes quelque chose des vents qui tourmentent les rivages de notre péninsule », dit Chateaubriand. Ce pauvre enfant naît neuf jours après l'exécution de Louis XVI, l'avant-dernier de six enfants ; six mois plus tard, les Vendéens s'emparent de Cholet, de Saumur et menacent Nantes. Son père et ses oncles maternels s'engagent du côté des chouans, plus étonnant, sa mère, née Marie Henriette Pélagie du Chaffault, s'engage elle aussi. Faite prisonnière et conduite à la prison du Mans, début 1794, après l'écrasement de l'armée vendéenne[1], avec ses six enfants, point même n'est besoin de l'exécuter : il n'y a qu'à la laisser mourir de faim ! Une, puis deux, puis trois, puis quatre de ses fillettes ont déjà succombé, ses geôliers se bouchent les oreilles pour ne pas entendre pleurer cette femme – elle pleure jour et nuit son ensevelissement, un

1. Début mars 1793, quand la Convention voulut faire appliquer le décret sur la nouvelle levée de 300 000 volontaires, les paysans vendéens se soulevèrent au cri de : « Pas de milice ! » En décembre de cette même année, les batailles du Mans et de Savenay marquèrent la fin de la « grande guerre » qui se poursuivit sous forme de guérilla jusqu'à l'armistice, au lendemain du coup d'Etat du 18 brumaire (1799).

bébé dans les bras, l'autre à son sein. Autorisation est donnée aux personnes charitables du Mans de recueillir les enfants des prisonnières dont elles voudraient se charger. Une sainte femme, Mlle Duchenet, aperçoit dans le renfoncement d'une cellule cette « pauvre âme pâle », ses mains glacées posées sur ses nourrissons. Elle est morte quand sa visiteuse franchit les portes de la prison avec deux nouveau-nés dont elle ne sait que faire, comme si Dieu l'avait appelée à grands bras, mais pour aller où ? Une amie à elle, Mme de Rouillon, accepte la garde du petit Louis, tandis que Mlle Duchenet s'occupe de sa sœur Pélagie.

Clémentine roule des yeux comme jamais, elle est tout à fait sortie de l'embarras que lui cause la présence d'un inconnu, jeune et beau de surcroît. Louis est élevé au lycée de Nantes, puis au lycée impérial de Paris (ancien collège Louis-le-Grand). Son précepteur, Louis Castel, en fait l'homme délicieux qui nous parle.

Le général-comte du Chaffault, de retour en France, en 1802, apprend qu'il lui reste deux petits enfants vivants – de quoi vous mettre de bonne ou de mauvaise humeur, selon votre nature. Il décide de prendre en charge leur éducation ; veuf, il décide aussi de se faire prêtre – « moi qui ne suis qu'un brin d'hysope dans la main du Seigneur [1] »...

Louis a vingt et un ans lors de la chute de l'Empire ; le jeune homme entre dans les gardes du roi, puis dans la garde nationale de son département, la Loire-Inférieure ; à vingt-deux ans, il est officier supérieur. Lors de la seconde Restauration, il récupère sa propriété de La Grassière, dans le Bas-Poitou, d'où sa famille est originaire et la vend, ce qui le met à l'aise. On a dit qu'il était arrivé « nu, nu, de sa province », comme dans la chanson, on l'a dépeint comme un coureur de dot et un coureur tout court, adroit en diable, noble quand il fallait l'être redevenu, sous la Restauration, bref on me l'a barbouillé d'un tas de médisances auxquelles je n'ai pas cru. Pour comble, il est poète : avec Louis Castel, son ancien précepteur devenu son ami, il versifie – en 1815, ils publieront une traduction du *Moretum* de Virgile. Et il nous couvre de baisers.

Le mariage de Clémentine et de Louis est fixé au mois de septembre 1817, je ne connais rien aux modes nouvelles, aux modes tout court. « S'il n'est pas convenable que la robe de mariage soit en perkal, tu la feras faire en thuel (toile) » : j'écris à ma cousine qui a la bonté de s'occuper

1. *Liturgies intimes,* Charles Baudelaire.

de tout à Paris. Je me rappelle quand j'allais voir Nicolas Ponsardin, dans ses entrepôts... C'est lui qui va les marier, en qualité de maire de Reims, des larmes plein ses yeux bleus...

Un mois avant le mariage, mon frère meurt. Babouche sanglote, il est changé, la vie lui pèse tout à coup comme une chaîne. Jean-Baptiste n'a pas trente-huit ans ! Pas de postérité ! Son unique fils, Adrien, est mort très jeune d'une morsure de chien enragé, sa manufacture de textiles à Saint-Brice, près de Reims, a entièrement brûlé en mars 1814, lors de l'occupation russe. Parfois je me dis que j'ai attiré toutes les chances de mon côté... Pompé tous les sucs... Ni mon frère, ni ma sœur coquette, accentuant ses tournures, lisant toute la journée des journaux de mode, n'ont eu l'occasion de faire un choix : l'un a repris l'affaire familiale, l'autre mène la vie que mènent toutes les jolies femmes de province. Ils n'ont eu avec eux-mêmes aucune dispute grave, Babouche n'a pas eu à leur apprendre le b-a-ba du commerce, à taper sur la dure caboche des clients. Ils ont suivi un chemin tout tracé, Clémentine dans le sillage de notre mère, Jean-Baptiste pendu à mes basques... Je ne vous parle pas de l'enfant joli qu'il était alors, de cette demeure souterraine, éblouissante que nous offraient les caves, de cette cathédrale éventrée pendant la Révolution qui nous descendait jusqu'au fond du cœur…

Le 13 septembre, à six heures du soir, Nicolas Ponsardin marie Clémentine et Louis. Prends mon vieux bras, dit-il, pour m'aider à descendre les marches de l'hôtel de ville. C'est moi qui le soutiens. Deux jours plus tard, pendant la cérémonie religieuse, il s'endort. Louis Castel, témoin du marié, dispense des flots d'eau bénite, de compliments, dit n'importe quoi pour nous égayer. Le jeune ménage s'installe avec moi.

Je veux emmener Louis aux vendanges dès cet automne, le promener dans ces pentes semblables à de larges hanches, le jucher à mes côtés dans la cahute que je me suis fait construire au-dessus du pressoir de Bouzy pour surveiller les vendangeurs, lui dire tout haut ce que je pense tout bas : « En ce moment, je suis une heureuse mère. »

CHAPITRE VIII

Le stagiaire

L'un de mes correspondants, M. Lennig, me demande pour un de ses jeunes protégés, nommé Edouard Werlé, « la faveur d'entrer dans [mes] bureaux pour y apprendre à la fois la langue française et les affaires ». Je me rappelle François envoyé par son père à Saint-Gall pour les mêmes raisons et je dis oui, bien sûr.

Le nouveau venu a vingt ans, il est né à Wetzlar, ville libre de la ligue Hanséatique, dans le diocèse de Trèves, en Prusse. Son père était maître de poste des services de diligences de la famille des princes Thurn und Taxis ; il n'est plus de ce monde, non plus que la mère du jeune homme. Chance et guigne se disputent donc cette courte vie qui n'a pas connu le siècle passé. Edouard Werlé est grand, très grand, avec un front très haut qui se fronce quand on le contredit, il baragouine le français avec des fautes énormes qui lui passent vite.

Louis Bohne est mort depuis une demi-année, Antoine de Muller qui travaille avec moi depuis longtemps épouse une demoiselle Ruinart et me quitte pour s'établir à son compte avec son frère. Il se produit tout à coup dans la maison un vide que la haute stature d'Edouard Werlé ne va pas tarder à combler, comme si la Providence l'avait mis sur mon chemin.

Dès son arrivée, en 1821, je l'emmène aux vendanges qui ne sont d'ailleurs pas bonnes – l'année dernière, pour la première fois depuis mon veuvage, je n'assistais pas à ce branle-bas : Babouche était malade, les médecins parlaient de lui couper son ventre, ses jambes, il voyait des diables partout dans sa chambre, le 25 octobre, il mourait dans sa soixante-quatorzième année ; il était devenu tout maigre, il est mort plein de désespoir, « trucidé par un être noir » que j'avais déjà vu au chevet de mon mari et de mon frère. J'aperçois dans la glace une petite personne défraîchie qui ressemble singulièrement au défunt : c'est moi, les yeux agrandis par le chagrin, incapable de ramener Babouche à la vie, de ne plus sentir son odeur. Nul ne devine les efforts qu'il m'a fallu fournir cet automne-là pour dire ceci, cela, et oui à mon gendre qui achète un château et m'explique longuement – quelle fatigue ! – que si nous l'achetions chacun de moitié, ce serait mieux encore.

Louis de Chevigné rend heureuse Clémentine – « elle est devenue une beauté grasse, propre, lustrée et rosée », qui lui a donné une jeune Marie-Clémentine pendue à son cou, mais il ne se met pas au travail. Il n'est pas ce que je suis : une petite avare de province, il ne connaît aucun des états anxieux du fournisseur, le vignoble, il ne le caresse pas, il ne lui parle pas, il ne lui cherche pas ce que nous lui cherchons, sa couleur de groseille, son goût d'ananas, son odeur rousse. Mais il aime ma fille – elle chante toute la journée –, il aime les pierres, après le château de Boursault que nous achetons en commun, il acquiert, deux ans plus tard, toujours de moitié avec moi, le petit château de Villers-en-Prayères, près de Fismes, pour y chasser.

Edouard Werlé met les bouchées doubles, il a toute la place pour lui, s'entend avec mon gendre ; chacun à sa manière me montrera la plus grande affection. Des caves de la maison montent d'excitantes nouvelles : 1821, 300 000 bouteilles expédiées en Russie, 547 533 francs de bénéfices, notre commerce est au zénith, M. Kessler, mon associé, est l'homme le plus heureux de France. Je n'en dirais pas autant de moi, trop de deuils, trop de mouchoirs : Philippe

Clicquot s'est éteint à l'automne 1819. Quatorze ans après la mort de mon mari, les mêmes religieuses le veillent, sentant toujours aussi mauvais. Mon beau-père avait vécu pour son fils qui n'avait pas vécu longtemps. Avait-il été fier de moi ? De voir le nom de Clicquot fêté dans toute l'Europe ? De l'entendre qualifié par Pouchkine de « vin béni des dieux » ? Lui-même, à vingt-neuf ans, dans l'avis qu'il publiait dans la *Gazette de France*, s'était déjà donné pour but de « franchir les frontières du royaume »... Et il les avait franchies en expédiant dès 1772 un panier à Venise... Il savait un peu l'anglais, très bien l'allemand et l'italien ; il était moderne, pessimiste à aller se jeter à l'eau. Sa veuve, moyennant une rente, laisse l'argent que Philippe Clicquot n'avait pas retiré de nos caisses lors de mon association avec Alexandre Fourneaux. Elle s'en va à Paris, faut-il partir ? Rester ? m'a-t-elle demandé. Elle excelle dans les rôles muets.

Babouche l'avait vue quitter Reims avec regret, elle était sa contemporaine – « je me sens comme suspendu », me disait-il depuis quelque temps. Il avait été nommé président des Hospices de la ville et de la chambre de commerce : cela, ajouté à sa fonction de maire, dévorait ses forces. Son dernier discours, un mois avant sa mort, avait été pour prononcer l'éloge de son prédécesseur. Les belles oraisons étaient son péché mignon. On avait beau lui dire d'être court, de ne pas gonfler le cou, il aimait les oh ! les ha ! « un brin de fleurette autour du style ». Pauvre Babouche, on lui a reproché sa versatilité – royaliste, jacobin, bonapartiste, royaliste à nouveau –, il savourait avec foi toutes les sottises tombant de la bouche des puissants, il voulait à toute force croire à la vie.

A moi, depuis sa mort, elle m'apparaît comme imprégnée de sel, un sel amer, un sel affreux, et l'on a beau me dire que je suis riche, que je peux m'acheter un troisième château, m'offrir un homard et un pâté d'anguille chaque soir pour dîner, pour la première fois, j'aspire à être délassée du poids des affaires, à lire tout mon saoul, ce que je n'ai jamais eu le temps de faire. Louis Castel me noie sous les compliments, il m'appelle « mère chérie ». « Vous êtes la reine du négoce, mère chérie. Vous partez malgré les vents et la neige. Vous lancez des vaisseaux jusqu'à la Baltique et le troisième jour vous êtes assise à Boursault. Je vous y souhaite un repos aussi doux que votre activité est admirable. » Il agace Clémentine qui lui bat froid, se mêle de tout, l'accuse de ne pas nourrir assez longtemps son bébé – « son lait n'a duré que trois jours », brandit la facture de Lagache, le traiteur que nous avons choisi pour le baptême de Marie-Clémentine, qu'il trouve trop élevée. « Trois dindons en daube avec gelée, douze chapons rôtis, un gros brochet au bleu, deux plats de langue fourrée, un croque-en-bouche glacé, une crème vierge à la fleur d'orange, quoi encore, deux vases en nougat avec gerbe, mais c'est de la folie ! » Quand je l'envoie promener, il tombe malade « d'une fièvre inflammatoire, d'une fièvre continue, d'une fièvre avec ébullition, d'une fièvre quarte avec dédoublement ! » Ça me fait quand même rire.

Le 1er décembre 1821, j'annonce à M. Kessler, mon associé, que je lui dévoluerai la propriété exclusive de mon commerce dans trois ans et qu'il cessera à ce moment-là de signer par procuration. Le pauvre homme ne semble pas si content que cela. J'ai quarante-quatre ans, une petite-fille de trois ans, j'espère avoir d'autres petits-enfants… J'ai envie de voir des montagnes, des chênes-lièges, la lumière… Les Turcs, peut-être, ou les sauvages du Bambara… Paris… J'écris au comte de Cossé Brissac, premier maître d'hôtel du roi aux Tuileries, pour lui proposer mon bouzy rouge : « Ce vin corpsé et généreux serait digne de figurer sur la table de Sa Majesté et sur celle de la Cour comme vin du premier service » (1825). Et je lui envoie par la malle-poste un échantillon de deux bouteilles. Pourtant la ville me fait peur, les lumières, les spectacles qui se terminent tard, ce pavé piétiné. Mes enfants s'y sont installés rue Saint-Dominique, l'hiver leur paraît moins long, il est vrai que la Champagne pendant trois mois ressemble un peu à une chambre sans lumière.

Edouard Werlé trouve le contraire, habitué qu'il est à être écrasé de neige : il apprend la taille, l'ébrouttage, le rognage des vignes, les rendements lui paraissent faibles[1], il se frotte à nos fournisseurs dont certains sont des amis, à nos verriers qui le sont quelques fois de père en fils depuis le XVe siècle. Après le départ d'Antoine de Muller, je lui ai donné une procuration provisoire pour signer en mes lieu et place quand je suis absente. Ce beau garçon peut se gâter les mains à planter, à tailler, à rattacher, conserver de l'espoir dans les moments où le vent est le plus froid ; il parle maintenant français comme un Français, travaille comme un Allemand, ses genoux ne sont jamais engourdis, il me fait penser à un cheval de grande race. Je l'enverrai bientôt à Paris pour qu'il fasse la connaissance de mes banquiers ; ces messieurs me diront que personne ne leur a produit un meilleur effet.

1. Environ 16 hl à l'hectare contre 60 hl aujourd'hui.

Tant et si bien que je reviens sur ma décision de passer la main. Je fais pire, je m'emballe. Kessler a un frère qui voit grand ; qui me convainc de me diversifier. En cas de mauvaises récoltes, de volte-face des Russes… Ces gens-là sont « les êtres les plus trompeurs de la création, écrit Custine, le doute s'enfuit devant leur souffle ; ils créent ce qu'ils imaginent [...] Ils ont une dextérité dans le mensonge, un naturel dans la fausseté »…

Voici les Kessler faisant mon siège, me conseillant d'investir mon argent dans des affaires qui n'ont rien à voir avec le négoce du vin, d'effectuer en sens inverse le trajet qu'avait parcouru François. Celui-ci ne voulait pas entendre parler de prêts hypothécaires, de dépôts à terme, d'encaisse. Le 1er juin 1822, la banque Veuve Clicquot Ponsardin et Cie ouvre ses portes : la banque Poupart de Neuflize, à Sedan, que je connais bien, est chargée de faire la liaison entre les manufactures de draps de cette ville et ma banque. J'investis dans des filatures de laine cardée à mécanique que les frères Kessler vont construire en Souabe. Pourquoi ai-je été me fourrer dans ce guêpier ?

Edouard Werlé me met en garde – lui-même est d'une famille aisée, connaît le prix de l'argent et se méfie de qui n'est pas le vin. Je ne l'écoute pas – est-ce caprice de ma part ?

L'ennui que tout aille bien ? D'une vie horizontale ? Recouvrer des effets de commerce, vendre des laines à Reims ou à Sedan, faire des avances sur consignations, est-ce ma vocation ? Ou est-ce pour le bruit des parlotes ? J'achète la rue du Marc, les numéros 9 et 9bis pour m'agrandir. Depuis la mort de Babouche, j'habite l'hôtel Le Vergeur[1], plus tard je m'installerai dans l'hôtel Ponsardin pour tenir compagnie à ma mère qui voit et entend de plus en plus mal ; la rue de l'Hôpital est le siège de ma nouvelle banque. Louis Castel, pour rentrer en grâce, appelle mon gendre « le beau » ou « le divin chou », ou « le magnat » ; sa fillette « miss ». Le port de Londres est en train de devenir la plaque tournante du commerce international[2]. Quand irai-je voir son ciel gris, ses ponts ? Je visite l'Allemagne cet été-là avec mes enfants. Louis a un anthrax dans le dos qui ne nous permet de voyager qu'à petites journées, je regarde voler les oiseaux du Nord avec l'envie de retrouver tôt ou tard mes bureaux.

---

1. Aujourd'hui siège de l'Association des amis du vieux Reims.

2. Une loi y permet l'entrée et la mise en entrepôt des marchandises étrangères sans aucun droit, hormis sur les thés, les toileries de lin et les soies fabriquées.

CHAPITRE IX

Mauvaises affaires

Quand je pense que j'ai failli avoir « cette petite affiche jaune dont la couleur déteint sur les portières, qui a la vertu la plus astringente sur le crédit, qui porte l'effroi dans les cœurs des moindres fournisseurs, et qui surtout glace le sang dans les veines [1] », tout ceci à cause d'opérations confuses, de la recherche du superflu, d'une sorte de naïveté... Je m'éparpille, d'un côté je ne sais pas dire non à mon gendre dont la turbulence financière est sans bornes, qui est toujours entouré d'une foule de gens, qui aime jouer, chasser, les maisons très hospitalières, de l'autre, je laisse se démener Kessler en qui j'ai confiance, mais qui fait des choses

1. La couleur de la saisie. *Les Illusions perdues*, H. de Balzac.

qu'il ne devrait pas faire, comme d'engager ma banque dans mon dos et n'est qu'un jouet entre les mains de son frère.

Je me croyais rajeunie, je n'en avais que pour la concurrence acharnée que M. de Muller devenu Muller-Ruinart me livrait en Russie. « Je ne connais à mon terrible rival, écrivais-je à l'un de mes correspondants, qu'une vingtaine de mille de bouteilles de vin de la récolte de 1822, [mais] je me flatte que les 4 à 5 000 bouteilles que j'ai en cave et qui sont parfaitement réussies démontreront la différence qui existe entre les moyens de mon concurrent et les miens. »

Je commercialise des demi-bouteilles de champagne – une manière comme une autre de redescendre dans mes chères caves, de balayer leur poussière avec ma robe : je m'y exerce par transvasages, « ce qui énerve la mousse et nuit à la qualité ». Chevigné se lance dans la politique et se présente contre les candidats ministériels. Il envoie des courriers de toutes parts et ne recueille pratiquement aucun suffrage. Il s'en console, versifie, plante des pins dans la forêt de Boursault. On dit qu'il recherche d'autres suffrages que les suffrages politiques, que ses bottes sont infidèles. Il m'appelle « petite mère » ou « petite chère mère », Clémentine sourit avec innocence. « Bonne, douce, effacée, écrit Mme Maldan, mon arrière-petite-nièce, elle admirait aveuglément son mari et craignait extrêmement de lui déplaire. » Louis est dans la vigueur de l'âge : « Il avait un teint reposé et fleuri, la bouche souriante et ferme, la barbe en collier », dit de lui Charles Monselet [1], il avait surtout horreur de s'embêter, un appétit ouvert comme le mien et sa part prise dans nos vies avec son fou-fou de Louis Castel nous enchantait.

Voulez-vous savoir comment ce dernier avait accueilli Marie-Clémentine, ma petite-fille, à sa naissance ? « Le 15 septembre de l'an dernier (1818), vous êtes sortie à 4 heures du matin ou des espaces imaginaires, ou du trésor des âmes, ou du sein des monades, ou du milieu des molécules organiques [...] Et voici que le 15 juin, précisément à la même heure, vous sortirez encore du joli boisseau de froment de Mme votre mère. » Madame sa mère s'agace de ce verbiage ; pourtant Louis Castel entre pour beaucoup dans le bonheur de Louis. Sa carrière, toute en zigzag, comme lui-même, l'a amené à être inspecteur général des études sous l'Empire, révoqué, puis réintégré pendant les

1. Surnommé par ses contemporains « le roi des gastronomes », Charles Monselet était un convive attitré de ma table. Durant les repas on n'y buvait que du champagne.

Cent-Jours ; la Restauration le nomme inspecteur des écoles royales militaires, puis il est à nouveau radié sous prétexte qu'il n'est pas membre de l'Institut. « Dieu me fait une grande grâce, écrit-il à Louis de Chevigné, celle de haïr les places que l'on m'ôte. » Il a alors soixante ans, une femme, une fille, écrit plus d'une lettre par jour à son protégé[1] qui lui répond dans un joli pêle-mêle de bons mots, de calembours, d'épigrammes. Que voulez-vous, Louis a été créé gai dans les circonstances les plus dramatiques. Il aime la santé, les enfants, la sieste, nous commander une nouvelle voiture, il rêve de construire un château neuf à côté de l'ancien. « Puis-je oser, petite mère ? » dit-il.

Louis XVIII meurt cette année-là (1824), et tout le monde, à Reims, de se frotter les mains en pensant à un nouveau sacre. Son frère, le comte d'Artois, n'est pas un perdreau de l'année, comme aurait dit Babouche. Enfin roi, à soixante-sept ans, qu'a-t-il appris ? « Quand on a beaucoup et longuement souffert, dit Chateaubriand, on ne se souvient plus que de soi. »

1. « Celui-ci publiera en 1833 les *Lettres de R.R.L. Castel, auteur du Poème des Plantes, au comte L. de Chevigné, son élève et ami*, imprimerie de Delaunois ; ce recueil contient 524 lettres. » *Le Comte Louis de Chevigné*, Hervé Paul, 2008.

Le 4 décembre, on me souhaite la Sainte-Barbe, ma fête. Babouchette, me disait toujours Nicolas Ponsardin, verse-moi encore une goutte de champagne ! Toute occasion de trinquer était la bienvenue et cette préparation d'un nouveau sacre l'aurait tant amusé ! Il aurait composé une ode au roi, l'aurait lue devant la chambre de commerce qui n'aurait eu qu'à applaudir !

Mai arrive, le roi arrive, le duc d'Orléans et sa famille descendent chez moi, c'est le branle-bas des grands jours. Louis de Chevigné est à son affaire, il faut se changer toutes les heures, apprendre à Marie-Clémentine cent cinquante fois de suite à faire la révérence, retourner à chaque instant en ville où les courtisans venus de Paris nous regardent comme si nous étions des marmottes.

O ma folle cathédrale ! On l'a décorée – soixante-treize administrations ne s'occupent que de ça depuis des semaines – de haut en bas de papiers peints. A chaque sacre, la coutume veut qu'on la bombarde de nouveautés, qu'on la déguise comme une mariée. « Machines d'opéra », bougonne Chateaubriand oublié dans sa chambre au milieu du bruit. Pour le sacre de Louis XV on avait apporté des tapisseries par voitures entières des Gobelins ; pour celui de Louis XVI on avait fait du néo-dorique, de la fausse colonne et pour celui-ci on a été à la va-vite, à l'économie, trois jours de festivités au lieu de cinq, pas tant que ça de bouteilles de champagne descendues !

Chateaubriand parle de la « représentation d'un sacre », non d'un sacre, Louis Castel de violons et d'*oremus*. Long comme une rue, bleu comme la nuit, « à bec de velours d'hyacinthe poudré de fleurs de lys sans nombre de taille croissante du col à la queue », le manteau de Charles X balaye les marches de l'autel ; commandé par Louis XVIII, en 1824, pour un sacre qui n'avait jamais eu lieu, il sera le manteau du « dernier sacre des successeurs de Clovis ».

CHAPITRE X

De petits murmures afin d'entraîner la confiance

Elles vont bon train depuis quelque temps les rumeurs de la ville. Echotiers, confrères, mais aussi messieurs tout ce qu'il y a de plus convenable, aimant un fin morceau de lièvre à déjeuner, une conversation bien ranimée par les médisances, ne se privent pas de les propager.

De Nantes où je me trouve – l'air sent le varech à une lieue, les mouettes marchent devant nous comme des oies – la Champagne me paraît si lointaine, invisible… La banque vient d'acheter une deuxième filature à Pontfaverger, je ne sais même pas où se trouve Pontfaverger, en France. Si je demande à Kessler s'il est sûr de ses arrières, il me répond : « Mangez tranquillement vos œufs à la coque, ma grande dame. »

Me voici renvoyée à mon bonnet à rubans, à ma chaise rembourrée : « la cage de la petite veuve »... Qu'est-ce que je connais à la laine cardée, aux machines à la carder, à la vapeur qui propulse le *Mountaineer*, premier bâtiment à vapeur, construit en Angleterre, pour assurer deux fois par semaine le trajet Dunkerque-Londres en onze heures[1] ?

Dès mon retour, Edouard Werlé me conseille de « fermer le robinet ». Lui-même revient de Paris avec des cartes de France, d'Allemagne et de Russie, des vermicelles et des oranges amères. Que ne l'ai-je écouté ! Il n'a pas voulu m'inquiéter, je me dis qu'il fait bonne garde, rue du Temple. Les vins vont bien, presque trop bien.

On n'imagine pas la splendeur des contrefaçons ! Elles portent sur des milliers de bouteilles, représentent certaines années le quart et même le tiers des expéditions de la maison. J'ai beau modifier ma marque à feu, y ajouter à chaque saison un « fleuron » différent, publier des avis dans la presse étrangère et dans la presse nationale menaçant les fautifs des pires représailles, effectuer des dépôts officiels de marques de bouchons auprès du secrétariat du conseil des prud'hommes de

1. A partir de 1825.

Reims[1], procéder à des essais d'étiquettes immédiatement copiées, en changer la couleur, les contrefacteurs pullulent. « Il se fabrique maintenant beaucoup de vins mousseux à l'étranger, sur les bords du Rhin et notamment dans quelques cantons de la Suisse », me signale Edouard Werlé, alors que l'Angleterre, l'Allemagne et les Etats-Unis redeviennent de gros importateurs de Clicquot. « Ces industriels étrangers, poursuit-il, [...] cherchent par tous les moyens possibles à faire passer leur vin aux yeux du public pour de véritables vins de Champagne et, dans ce but, ils imitent les marques de nos principales maisons. La mienne, entre autres, est l'objet de cette contrefaçon scandaleuse. »

J'aime qu'il dise « la mienne » en parlant de la maison, qu'il fronce les sourcils. Etonnant Werlé ! Il a une poigne de fer, un front de bénédictin. Dès l'année suivant son entrée, je l'ai nommé chef de cave : à lui maintenant de composer nos magies ! Quatre ans plus tard, quand il est bien entraîné au travail du vin, à ma demande, il repart à la conquête des marchés de l'Europe du Nord et de l'Est où la

1. « Il faudra attendre le 23 juin 1857 pour que soit promulguée la première loi sur les marques. » F. Crestin-Billet, *op. cit.*

disparition de Louis Bohne a laissé un grand vide. Force est de constater que le marché anglais est dominé par Ruinart, que les Anglais trouvent mes prix « trop salés » ! Ils n'ont qu'à baisser leurs droits de douane ! A Paris, j'ai des clients peu nombreux, mais choisis, M. Meurice, propriétaire de l'Hôtel Meurice, mon hôte, le duc d'Orléans, futur Louis-Philippe. « Je ne suis pas jalouse de faire des expéditions pour Paris, dis-je, où la bonne marchandise n'est pas payée. » Edouard Werlé hoche la tête, peu convaincu.

Il se sent maître dans ses pénates, les employés de la maison le sentent de même. Le soleil se lève tard pour lui, même au cœur de l'été, il n'est jamais fatigué, aime les chevaux comme un Musulman. Ai-je besoin de dire que les femmes le trouvent beau ? Lorsqu'il repousse en arrière sa mèche de cheveux, son œil ressemble soudain à un poignard d'or. Il est mélomane comme un Allemand, joue au whist à merveille. La société rémoise l'a adopté, elle lui attribue une multitude de talents, je lui en attribue un, moi, plus grand que les autres : la discrétion. Lèvres pincées pour parler de mes affaires !

Je perds ce que je veux avec ces maudites filatures, les frères Kessler campent sur leur orgueil de granit, il semble que je n'aie plus cette espèce de chance qui, jusqu'ici, en jets vigoureux, a accompagné ma vie. Des jalousies tenaces, des haines insoupçonnées trouvent là de quoi alimenter cette « rage froidie » qui est une des composantes de la vie de province. On va jusqu'à reprocher à Nicolas Ponsardin sa « fuite » pendant les Cent-Jours ; à feu mon beau-père d'avoir « caché » François à l'étranger pour le soustraire à la conscription. On me prête même une idylle avec Louis Castel qui vient de perdre sa femme et s'est installé à la demande de mon gendre 1, rue de l'Hôpital, dans une petite maison qui jouxte l'hôtel Ponsardin. Quand j'écrivais à Louis Bohne, on ne trouvait pas normal que je lui écrive la nuit, et presque quotidiennement. Quel tumulte doit régner dans le cerveau d'une femme qui écrit la nuit ? D'ailleurs, n'ai-je pas l'air toute « ratatinée » ?

Ces bruits ternissent l'image de la maison, Edouard Werlé s'en ouvre à moi – que de précautions n'a-t-il pas prises pour dire qu'il n'aimait pas énormément ces « toc-tocs » et ces « tic-tacs » qui riment avec trac. Je suis beaucoup moins souvent à Reims que par le passé, mes enfants habitent à Paris un petit hôtel avec un rez-de-chaussée et un jardin où je séjourne fréquemment. Du bon repos, me disent les frères Kessler, ravis d'être débarrassés de moi.

En 1821, c'est vrai, j'avais promis à l'aîné de lui céder mon commerce, un an plus tard, j'étais revenue sur ma décision, ne lui laissant que la signature par procuration. A-t-il été contrarié par ma volte-face ? Ces derniers temps, pendant que je me battais avec l'habillage de nos bouteilles – la ficelle qui maintient les bouchons pourrit, donnant ainsi beaucoup de « recouleuses », c'est-à-dire de bouteilles qui fuient – je n'ai pour ainsi dire pas vu mon associé ; comme une anguille, il remonte les canaux du Rhin pour acheminer les nouvelles machines qu'il vient d'acheter vers le Palatinat. Il s'occupe de moins en moins de la maison, de plus en plus de ses filatures. Il est toujours fourré en Allemagne – je n'ai qu'à me louer de lui, me répond-il quand je lui demande où il était la semaine dernière. Il se promène dans mon bureau en frottant son long nez. Nerveux, les cheveux frisés, les oreilles décollées. L'air de défier un tyran…

J'ai commencé par un mouvement d'humeur par-ci, un haussement d'épaule par-là, parce qu'il me répète toujours la même chose, avec son crispant sourire. Un beau jour, je lui ai dit son fait : son frère le mène par le bout du nez, leurs usines battent de l'aile et qui paye les pots cassés ? Moi ! La banque Clicquot ! J'ai découvert des trous profonds dans la comptabilité, ils me mentent, mais je vais leur faire manger leur poussière ! Réduire leur orgueil en poudre ! Les mener vite fait bien fait au repentir !

Le 24 mai 1826, Georges Kessler signe un acte de résiliation de nos accords aux conditions dictées par moi : tous les biens, à dire vrai un amas confus de choses hétéroclites, mais aussi toutes les créances et tous les engagements pris en Allemagne, la plupart du temps sans m'en parler, restent à sa charge. Tous les biens, stocks et bâtiments, achetés à Reims par la banque Clicquot me reviennent, ainsi, hélas ! que la filature française de Pontfaverger dont je liquiderai les actifs dès que possible. Le notaire consacre notre rupture définitive. Du bon vieux temps, entre lui et moi, il ne reste rien !

L'aventure a quand même coûté 700 000 francs à la banque, j'ai passé par pertes et profits les avances qu'elle avait consenties à Esslingen, hypothéqué Boursault pour 100 000 francs et, pour que cette année-là luise encore plus noir, les vendanges ont été médiocres. « Je vous remercie beaucoup des peines, de l'ennui et de l'embarras que vous cause cette maudite affaire, ai-je écrit à Edouard Werlé, mais je n'ai confiance qu'en vous seul et vous seul pouvez en venir à bout. » Je l'ai nommé fondé de pouvoir avec procuration et associé aux bénéfices.

Où sont-ils les jours où l'argent giclait comme d'un crible ? Nous avons beau décider de liquider la banque en douceur, autour d'elle circulent des « spectres dont l'essaim tourbillonne ». Certains engagements doivent se poursuivre auprès des différents dépositaires et banquiers correspondants. Le découvert accordé à la filature des Kessler pose de nombreuses difficultés accentuées par une crise générale qui se dessine dans le courant des années 1827 et 1828 [1].

Le pire viendra de l'extérieur : la banqueroute de la banque Poupart de Neuflize, à Sedan. Comme une poudre qui s'enflamme et vous saute au visage. Je me trouve en Vendée, dans la famille de mon gendre, en ce début d'année 1829, j'apprends à ma petite-fille à ne pas parler la bouche pleine, bien loin de me douter que « la puante escouade des créanciers est là », ameutée par la rumeur. Werlé les a vu arriver rue de l'Hôpital, « tous gens à casquettes, à pantalons mûrs, à redingotes râpées, à figures patibulaires [2] », d'abord en petit nombre, puis par groupes, en attroupements, pour demander le remboursement de leurs comptes ouverts chez moi. Le bruit court que Neuflize a suspendu ses payements. On sait que j'ai

1. F. Crestin-Billet, *op. cit.*
2. *Les Illusions perdues*, H. de Balzac.

d'importantes affaires en cours avec eux, d'ici à ce que nous fassions faillite d'un seul bloc ! Les caissiers ont beau répondre aux clients : « Bah ! Si j'étais à votre place… » tous exigent leur argent en même temps !

Le soir même, Edouard Werlé prend la route de Paris. Malgré une pluie battante ! Les fondrières d'un chemin détrempé ! Le monde s'endort qu'il roule à toute allure. Le lendemain, la lourde porte verte de M. Rougemont de Löwenberg, mon banquier, s'ouvre pour lui livrer passage. Nous travaillons ensemble depuis 1805, je sais d'expérience que la banque est un lieu fatal où tout tourne au pire quand ça va mal. Edouard Werlé est impeccablement mis malgré une nuit sans sommeil : beau linge, pantalon noir, chapeau de soie. Son interlocuteur qui ne l'a pas revu depuis plusieurs mois lui trouve une belle expression d'amitié – il me le dira beaucoup plus tard – quand il parle de moi. Mon collaborateur lui dépeint la situation, en somme une situation agitée, telle qu'elle se présente à Reims. Les valeurs avalisées par Neuflize reviennent protestées, les clients songent au plongeon suprême. La confiance a un prix, Werlé le chiffre, Rougemont sursaute. Le poids est énorme, dit-il, impossible… Werlé lui offre sa fortune personnelle, qui n'est pas négligeable, comme caution. Jeunesse de cet être-ci devant un monsieur mal luné ! Mon associé doit remporter de l'argent liquide immédiatement, dit-il, pas demain ni à la fin de la semaine, cette après-midi même, avant qu'on ose porter la main sur un édifice qui tremble sur ses bases. Au pied du mur ? dit son interlocuteur. Tout de suite, répond Werlé, tout l'argent liquide dont vous disposez. Et il tire un revolver de sa poche [1]. Causons, dit Rougemont de Löwenberg…

De retour à Reims la nuit même, Edouard Werlé convoque nos caissiers – que se passe-t-il pour que si tard dans la nuit, on voie de la lumière derrière les contrevents de la banque ? Le lendemain les clients se présentent encore plus nombreux. Il fait froid, le ciel est clair. Vous allez vous enrhumer, Messieurs, leur jette Edouard Werlé, le front calme. Il y a la queue jusque dans la rue. Un très léger bistre sous les yeux de mon associé pourrait seul trahir son inquiétude. Tous les effets sont payés à guichet ouvert, la ville sait le soir même qu'on ne fait pas capituler la banque Clicquot. « La liquidation put s'achever sans heurts, mais laborieusement. Les dernières écritures la concernant vont jusqu'en juillet… 1840, et

1. Ses descendants disent que j'ai inventé ce passage, il se peut qu'ils aient raison.

elles montrent une perte sèche de plus de 270 000 francs [1]. »

Le jour où Edouard Werlé posait sa forte main sur mes affaires, je me trouvais en compagnie de Louis de Chevigné en Vendée, sur les lieux mêmes où son père avait trouvé la mort dans cette armée qui « tenait beaucoup d'une bande de voleurs et d'un carnaval, écrit Michelet. Le combat, le bal, la messe et l'égorgement, tout allait ensemble. » Ce n'est évidemment pas ainsi que mon gendre imagine ces combats à l'ombre des haies – chaque épine, chaque boqueteau devenait un ennemi, des ronciers pleuvait du sang, Charrette, dans les moments pressés, quand il quittait une femme, passait par la fenêtre. Il avait trente-trois ans quand fut fusillé à Nantes « ce nez au vent, cette bouche [...] plate, bandée comme un arc [qui] lui donnaient l'air audacieux, l'air d'un déterminé bandit [2] ».

Je suis si loin de ma Champagne, de mes chers vignobles, des renards mouillés qu'on voit trottiner parfois entre les ceps et qui raffolent des raisins ; si loin de cette Marne qui coule au pied de Boursault et dont la musique envahit ma fenêtre. La nuit je ne dors pas, j'étouffe.

---

1. F. Crestin-Billet, *op. cit.*
2. *Histoire de la Révolution française.*

En avril 1831, dix ans après son arrivée en France, Edouard Werlé devient mon associé en titre. Il a trente ans, j'en ai cinquante-quatre. Chacun de nous apporte 100 000 francs dans l'affaire, je reste propriétaire de tout l'actif de la société, locaux, celliers, caves, vins, vignes. La droiture qu'Edouard Werlé instaure dans nos rapports avive mon regret de ne pas l'avoir écouté plus tôt.

TROISIÈME PARTIE

Natis Mater

CHAPITRE XI

« *Les Contes Rémois* »

Au-dessus de la Marne, non loin d'Epernay, s'élève le vieux château de Boursault, construit au XVIe siècle par François d'Anglure, baron du lieu. Les chiens des chasseurs s'égarent souvent dans son parc, oseille sauvage et cresson poussent dans ses sources. J'ai cédé l'une d'elles à la ville d'Epernay, fief de mes concurrents, ce qui a fait dire que Mme Clicquot « poussait la bonté jusqu'à donner à boire aux Moët ! »

L'église est attenante, le village domine le château. Mon gendre cherchait depuis son mariage une demeure qu'il ne trouvait pas, il avait visité Grosbois, en Seine-et-Marne, le château des Vives Eaux, près de Melun, tout ceci pour ne pas s'éloigner de Louis Castel qui habitait le pays, mais trop loin de Reims !

Louis et moi acquérons le château, chacun de moitié ; 10 000 hectares de forêt tout autour sont aussi à vendre : ils font partie de l'acte que je signe à Paris avec mon gendre, en décembre 1819.

Boursault est l'un des coins les plus chéris de ma vie, j'aime la pluie transparente que je découvre l'été de ma fenêtre, pêcher des écrevisses avec ma petite-fille ; dès le mois de juin, j'y fais transporter la caisse de livres que ma cousine Gard m'expédie de Paris. Personne ne sait que selon les pages je deviens une criminelle de marque, Clarisse Harlowe, la Pucelle… Je parcours des dizaines de lieues dans mon fauteuil, si je m'embête, je m'endors, certaine princesse Souris vient me réveiller : Marie-Clémentine a besoin qu'on la caresse ou qu'on lui raconte une histoire, de tripoter mon livre qu'elle ne sait pas lire.

Je lui raconte pour la centième fois l'histoire de Saladin : tous les aînés de la famille d'Anglure qui possédait le château de Boursault s'appelaient Saladin en souvenir d'un de leurs ancêtres tombé aux mains des infidèles, il y a sept cents ans. Parti avec la troisième croisade, il est fait prisonnier par le terrible sultan vainqueur des Francs et libérateur de Jérusalem, Saladin. Ce dernier lui accorde, nous ignorons pourquoi, la vie sauve contre une sérieuse rançon qu'il doit aller chercher en France et rapporter d'ici un an. Sinon empalé, décapité, saigné comme un poulet ! Voici d'Anglure sur la grand-route de Jérusalem à Boursault, sur son brave dada, qui rêve de ce retour au pays où l'attendent des preux qui ne veulent pas entendre parler de payer sa rançon. La noblesse de Champagne s'est ruinée à construire des églises pour affronter la fin du monde en l'an mille – on s'est signé dans tous les sens et il ne s'est rien passé ; qu'à cela ne tienne, la Sainte Eglise a fourni autant de guerres de Religion qu'on en a voulu, personne ne propose de venir en aide à ce prisonnier sur parole. Sur mon honneur, dit-il, même les mains vides, je dois rentrer me faire tuer à Jérusalem. Marie-Clémentine n'est pas du tout de cet avis, son petit bras rond passe autour de mon cou et nous envisageons toutes les hypothèses : tantôt le brave chevalier va embrocher le sultan, tantôt il va se sauver si loin qu'on perdra à jamais sa trace, tantôt il sera gracié, ce qui sera le cas. Pour remercier son bienfaiteur, le chevalier promet de donner le prénom de Saladin aux fils aînés des d'Anglure et de lui envoyer un cadeau dès son retour en France. Il ira voir la Fée Coquelicot, c'est ainsi que Marie-Clémentine m'appelle, elle descendra dans ses celliers et lui donnera en guise de cadeau – une vieille boîte de bougies ? Non, une caisse de champagne…

Mon gendre adore cette histoire qu'il écoute en caressant son collier de barbe. « Mol et doux enfant du Poitou » : ainsi le qualifiait Louis Castel quand il était son élève à Paris ; il lui parlait de sa « facilité gracieuse », lui demandait s'il avait le courage d'« aspirer à la renommée », de « payer avec honneur sa dette civique » ? Louis de Chevigné lui répondait en vers aimables, le traitant de « Socrate nouveau », s'enfonçant dans l'alexandrin, les eaux bourbeuses et les côtes vineuses de son premier poème, *Une journée à Féricy*, du nom de la commune de Seine-et-Marne où Castel possède une maison de campagne.

Il a quand même trente ans, mon charmant gendre, et travaille davantage qu'on ne le croit : deux ans plus tard, en 1825, il traduit les *Odes* d'Anacréon et *Le Vin de Champagne* de Coffin[1] qu'il me dédie : « Voilà toute l'histoire de l'ode que j'ai traduite pour ma belle-mère, Madame veuve Clicquot Ponsardin. Indépendamment des droits que ma tendresse et ma reconnaissance lui donnent sur ce travail, j'ose dire qu'elle en a d'autres très légitimes, pour avoir porté si loin la réputation du vin de Champagne. »

Je suis contente, il est lancé maintenant et ne s'arrêtera plus. Trois ans plus tard, en 1828, il publie à Paris *La Chasse et la Pêche*, poème en

1. Vers l'année 1712, s'éleva entre deux célèbres professeurs de l'université de Paris, M.M. Coffin et Grenan, une dispute sur la prééminence des vins de Bourgogne et de Champagne.

deux chants illustré par Victor Adam, dont il fait porter un exemplaire chez le duc d'Orléans qui se souvient très bien de moi[1]. Louis n'est pas chasseur lui-même, mais il aime les départs joyeux, les trompes, cette odeur de bataille qui n'en est pas une. A partir de 1836 commence la publication des *Contes Rémois* dont le nombre varie selon les exemplaires connus. Plus de dix éditions magnifiquement illustrées, entre autres par Meissonnier, magnifiquement reliées, les premières sans nom et à compte d'auteur, tantôt éditées par Firmin Didot, tantôt chez Hetzel, tantôt chez Michel Lévy Frères.

Beaucoup de beaux esprits ont dit que je trouvais cette littérature trop gaillarde, ses Vénus trop fécondes, Cupidon trop remuant : « Il lui fallait sourire à ses hôtes, écrit M. Poisson, dans le journal *Le Pays*, leur inspirer des idées riantes, jeter une étincelle pour stimuler leur enjouement ; il leur conta donc, aux bons moments, ses jolis contes [...] libres sans licence, constamment [empreints] d'une douce gaieté faisant peut-être un peu rougir la pruderie ».

Prude, moi ? Capable, dit-on, de racheter en douce les éditions de mon gendre pour qu'elles n'effrayent pas les âmes bien-pensantes... Afin

1. Voir page 113

de lui procurer de l'argent pour qu'il paye ses dettes de jeu… Je pardonne à ces mensonges, car ce sont de pauvres mensonges. Quand nous allons à la pêche, lui et moi, nous nous sentons si bien vivre. Marie-Clémentine n'a pas la patience d'attendre que le poisson morde, Louis remet le menu fretin à l'eau, écrit ce qui lui passe par la tête :

Auprès des eaux ta main joue et s'exerce,
Mère chérie, et tu sais à la fois
Doter le Nord du nectar champenois,
Et de la Marne ou de l'Aisne limpide
Faire en tes rets tomber le peuple avide[1].

Nous ne rentrons jamais à l'heure pour les repas, Louis dort la moitié de l'après-midi, Marie-Clémentine et moi voltigeons à travers les groseilliers du potager, le soir venu.

Comme Babouche ne m'avait pas vu grandir, je ne vois pas grandir Marie-Clémentine. Elle a de petits flirts, me dit sa mère, certains fument déjà des cigarettes et se cachent quand Edouard Werlé qui ne supporte pas l'odeur du tabac arrive à Boursault, conduisant son bel attelage à quatre. Lui-même se marie en 1836 : l'élue de son cœur se nomme Louise Emelie

1. « La Pêche », second chant.

Boisseau, elle est d'une bonne famille rémoise alliée aux Roederer, il en est fier mais met son point d'honneur à ne pas le montrer. Ma sœur est devenue veuve, ce qui a fait beaucoup de peine à maman, elles viennent souvent à Boursault, « la fourrure et la mousseline leur montent jusqu'au menton », car elles sont aussi frileuses l'une que l'autre.

Au vieux Boursault, Louis de Chevigné qui n'en a jamais assez et qui ne me lâche pas quand il a une idée en tête, veut accoler un nouveau château plus grand, avec des ailes, beaucoup de frontons, de tourelles, de poivrières, un rêve français, quelque chose comme Chambord, qu'on verrait de partout. Tout devient prétexte à cette rêverie. Combien de soirées passées à dessiner nos plans – la salle à manger à gauche, la bibliothèque dans une des tours, une terrasse sur la Marne, un lanterneau d'où nous regarderons ces violents orages qui remontent l'été la vallée.

Qu'aurait dit Louis Castel qui trouvait déjà le vieux Boursault plein d'horribles appétits d'argent de nos folies ? Il n'a pas vu « l'Allemand », comme il appelle Edouard Werlé, devenir Français [1], sa « miss », ma petite-fille,

1. En juillet 1831, Edouard Werlé s'est fait donner des lettres de grande naturalisation lui conférant la nationalité française.

changée en jeune fille, son divin « Chon », mon gendre, prendre le commandement de la garde nationale à Reims, en 1830, y maintenir l'ordre avec beaucoup de métier et de prudence et se rallier au nouveau régime. Ou si peu vu : les révolutions ne le touchent plus, c'est bon d'être loin, me dit-il, comme si sa volonté de vivre s'émoussait. De Boursault où il séjourne avec nous, en septembre 1831, il écrit à sa fille Délie : « Prions le choléra de ne point passer le Rhin, et du reste jouissons du moment présent puisque c'est le seul, hélas ! qui nous appartienne. » Moins d'un an après, il est emporté par cette terrible épidémie ; cinq jours plus tard c'est au tour de sa fille. Il y a des départs qui déchirent le cœur.

Sa tombe est accolée à la nôtre au cimetière du Nord, avec ces vers extraits de son poème *Les Plantes*, publié en 1797, après qu'il a été exclu du club des Jacobins de Paris comme « étant plus soucieux de suivre des cours de [...] botanique que de remplir ses devoirs de député ».

C'est lui qui le premier sur le mont poétique
A la cour des neuf muses mena la botanique.

On ne se refait pas.

CHAPITRE XII

Boursault

Louis de Chevigné aime la Renaissance, les cheminées monumentales, le décorum, il aura de tout ça dans le nouveau château ; un jet d'eau de vingt-cinq mètres de haut pour accueillir les visiteurs ; des cygnes, des daims, des paons dans le parc où il donne des battues de faisans et des goûters d'enfants ; ceux-ci allument des feux de Bengale le soir sur la terrasse dans l'espoir de faire dérailler les trains. « Cette belle demeure, qui fait honneur à l'art contemporain, est un des exemples de ce que peut l'emploi généreux des fortunes loyalement acquises dans l'industrie pour ajouter au charme de nos paysages et soutenir le goût national à la hauteur de nos anciennes traditions », signaleront les brochures ferroviaires de la ligne Paris-Strasbourg quand le train passera à nos pieds.

Malgré ses déboires persistants à la cathédrale de Reims, notre choix s'est posé sur Jean-Jacques Arveuf [1], pour être l'architecte du château neuf, comme nous l'appelons désormais. Ancien élève de l'école des Beaux-Arts, Arveuf ne s'entend pas avec le tout-puissant archevêque de Reims, Mgr Gousset, en revanche il plaît à mon gendre. Amené sur le haut de la colline, il a été enthousiasmé par la vue, le mouvement du terrain, les étages de vignes de l'autre côté de la rivière.

J'approuve sa soif de réussir, de damer le pion à Mgr Gousset qui ne connaît rien à l'architecture, de travailler jour et nuit s'il le faut. Les rinceaux gothiques n'ont pas de secret pour lui, ni les dentelures, la pierre de Bourgogne dans laquelle seront taillées les cheminées, les gigantesques cages d'escalier, les machines modernes qui doivent marcher en sous-sol pour chauffer, laver, repasser, nourrir maîtres et domestiques – qu'est-ce qu'être une centaine à Boursault ! Arveuf a une excellente mémoire, une escouade d'élèves qui n'en font qu'à leur tête sous prétexte qu'ils n'ont d'autre but que l'art.

1. 1802-1876.

La première pierre du château neuf est posée le 15 août 1843, jour de l'Assomption, en présence d'un piquet de gardes nationaux rémois dont mon gendre est le commandant, ruisselants sous leur shako à pompon, du jeune Paul de Rochechouart Mortemart, âgé de deux ans, dans les bras de Louis de Chevigné, son grand-père, d'un groupe de dames à ombrelle dont je fais partie. Dire qu'il y aura 365 fenêtres dans le futur édifice, des lustres, des glaces, des bustes, des serres qui embaumeront l'hiver, un chantier qui va durer deux ans, trois ans, cinq ans… Des dizaines d'ouvriers qui vont se disputer dans toutes les langues… L'on m'a pendu un sifflet en argent autour du cou, au cas où je me perdrais dans ma nouvelle demeure… Pensez, petite chère mère, me dit Louis de Chevigné, à vos arrière-petits-enfants qui jouent déjà à saute-mouton.

Il va un peu vite en besogne : deux sont nés, Paul et Pauline, ils se suivent de très près. Marie-Clémentine a épousé à la Madeleine, à Paris, le 21 mai 1829, Louis de Rochechouart Mortemart, avec toute la pompe qu'il faut, une longue traîne et un ennui visible. Quand je pense à François et moi dans la cave de la rue Cérès, aux rats qui avaient croqué les bougies lors de notre mariage… A Babouche entrant dans la cathédrale de Reims, avec Clémentine à son bras, dans un branle de cloches…

Marie-Clémentine a l'air d'une pensionnaire en pénitence et si j'en demande la raison à son père, lui, d'habitude si disert, ne sait rien exprimer. Un mariage de raison, comme depuis que l'humanité existe ? Les parents de Marie-Clémentine la trouvaient-ils trop libre à Boursault, un petit voisin avait-il effleuré ses lèvres, c'est l'âge du prenez-garde où l'on ne voit rien venir. Les Chevigné avaient passé l'hiver à Paris : bals, les jeunes gens se glissent comme des couleuvres, galops, sorbets à la rose, demande en mariage, mesure exacte du doigt pour la bague de fiançailles et le tour est joué. Marie-Clémentine a-t-elle une autre idée, peur ? Ses mains sont froides comme quelqu'un qui meurt, le jour de son mariage.

Son époux se nomme Louis de Rochechouart Mortemart, un beau nom, pas un sou, mais les parents n'ont pas marchandé et quand on m'a demandé de loin ce que j'en pensais, car j'ai passé l'hiver toute seule à Reims, j'ai dit que je n'en pensais rien, ne l'ayant jamais vu, mais que ce grand bruit chuchoté de Rochechouart Mortemart sonnait bien. J'ai beaucoup porté de bouteilles de vin dans ma vie, soulevé de paille afin de voir si le compte y était, pour faire comme si… Comme si je n'étais pas sensible à un grand nom, à une vieille famille, à la spirituelle marquise de

Montespan[1] qui traitait Louis XIV de parvenu.

Mon petit-gendre n'a rien d'un mondain : il prie, peint, se passionne pour la culture des ananas et des orchidées, mais il a une tête de séminariste… De l'archi-gris ! Il est aussi légitimiste que Louis de Chevigné est orléaniste, ses yeux sont légèrement larmoyants.

Quand princesse Souris aura trois enfants, quand tout sera neuf de la cave au grenier, que les frontons du nouveau château s'orneront de têtes de cerf sculptées, la salle à manger d'une statue de Diane grandeur nature supportée par la cheminée, quand on aura installé dans ce palais souterrain que sont les cuisines et les buanderies un billard pour les domestiques, quand le Tout-Reims vêtu de riches manteaux montera les marches du perron, quand il y aura au-dessus des portes deux lettres entrelacées, C.M., savez-vous ce qu'on dira pour se moquer de moi ? Qu'au lieu de Chevigné-Mortemart, ce monogramme signifie : Champagne Mousseux !

1. Née de Rochechouart de Mortemart.

CHAPITRE XIII

Le château Deganne

Arcachon, avant le second Empire, ce sont des bergers sur des échasses, des pins qu'on gemme, des dunes de sable à perte de vue et une histoire abracadabrante qu'on m'a racontée et qui a pour héros un Champenois, né à Vertus, à quelques kilomètres de Boursault.

Il serait venu en compagnie de son père, il y a des années, m'y rendre visite. Le père pour affaires, le fils laissé à lui-même, s'ennuyant, rencontrant Marie-Clémentine qui elle aussi s'ennuie à mourir. Ils ont quatorze ans tous les deux, elle se fait éventer par lui, par un de ses grands éventails de plumes qu'elle a rapporté de la plage ; il prend tant de plaisir à l'éventer, à la décoiffer que bientôt il ne pense plus qu'à ses longs cheveux blonds. Elle a huit mois de moins que lui, elle habite un palais, Adalbert Deganne, puisque tel est son nom, baise ses cheveux, les baise comme un fou, elle ne se plaint de rien. Personne ne se doute que le chant mystérieux d'un éventail à plumes ait pu exercer sur lui une telle séduction.

Adalbert Deganne revient à Boursault comme voisin, il fait partie de la bande de petits jeunes gens qui tournent autour de princesse Souris ; Louis de Chevigné les mène de pique-niques en soirées costumées, de charades en chasses au lapin. Il ne voit aucune malice à ce que les enfants se cachent dans des grottes ombreuses, grimpent dans les greniers, écoutent le roucoulement de deux colombes aimées – on ne peut avoir de chien à Boursault, vous le savez, je les déteste[1], mais les paons arpentent le parc en toute liberté, les cygnes des pièces d'eau montrent au ciel leur derrière, les tourterelles éprouvent continuellement nos oreilles à la saison des amours. « Il [Louis de Chevigné] était pour nous, les enfants, écrit mon arrière-petite-nièce Maldan, plein d'accueil bienveillant [...] Son imagination lui suggérait toujours de charmantes attentions pour la jeunesse [...] Des goûters réunissaient tous les enfants, les œufs de Pâques [étaient] cachés dans le jardin où la joyeuse

1. Cf. p. 96.

bande s'envolait pour courir dans les longues allées de buis[1]. »

Adalbert Deganne a-t-il couru derrière Marie-Clémentine dans les allées de buis, avide de lui attraper les doigts, de lui caresser les cheveux ? Ont-ils formé le projet de s'enfuir ? A-t-il promis de l'éventer jour et nuit jusqu'à ce qu'il tombe mort ? Mon gendre et ma fille n'y ont vu que du feu. Pas davantage n'ai-je compris que lorsque l'orage jetait sur eux ses larges gouttes, ils se réfugiaient dans les grottes, dans les serres et qu'un éventail en plumes avait fait tout le mal. Cette histoire est-elle vraie ou a-t-elle été inventée[2] ? Qu'en ont su ses parents ?

Ces amours enfantines auraient duré sept ans, sept ans de messages, de mystères, de signaux adressés d'un côté de la rivière à l'autre. Mon gendre s'est-il aperçu de quelque chose, ma fille a-t-elle trouvé un poème ou une cigarette dans un lieu où elle n'aurait pas dû se trouver, dans la chambre de Marie-Clémentine, par exemple ? Ils ne m'en ont jamais dit mot. Avaient-ils peur de mon indulgence à l'égard de ma « jolie bizarre enfant chérie » ? Avaient-ils peur que la Fée Coquelicot, qui lit Jean-Jacques

1. Mme Maldan, *Souvenirs*.

2. *Boursault à Arcachon*, J.P. Ardoin Saint Amans, Champagne généalogie, 1998.

Rousseau, dise : Où est le crime ? Est-ce la raison pour laquelle, cet hiver 1838, ils sont partis pour Paris avec Marie-Clémentine, comme en emportant la clef ? Et en sont revenus avec Louis de Rochechouart Mortemart, de neuf ans plus âgé qu'elle, dont mon gendre dit qu'il est charmant sans en penser un mot ? Je n'ai jamais vu de caractères aussi contraires que ces deux Louis, l'un si galant, l'autre si dévot, n'aimant que ses tonnelles d'aristoloches, ses orchidées et ses ananas que nous mangeons quand même de bon cœur.

Parce que ça a fini par s'arranger du côté de Marie-Clémentine, les portes de cette passion juvénile, si tant est qu'elle ait existé, se sont refermées lentement ; après Pauline et Paul; Anne est née en 1847 [1].

N'y ayant jamais mis les pieds, j'ai lu tout ce que j'ai pu trouver concernant le bassin d'Arcachon : « C'est Tahiti à quelques kilomètres de Bordeaux [...] une sorte d'Océanie française », écrit J. Saint-Rieul Dupouy, en 1856.

Par une partie de sa famille qui est restée à Vertus, j'ai su qu'Adalbert Deganne, ingénieur civil, puis agent voyer des Ponts et Chaussées, était venu travailler à la construction de la ligne Bordeaux-La Teste pour le compte de la Compa-

1. Future duchesse d'Uzès et unique descendante de Mme Clicquot.

gnie des Chemins de Fer du Midi. Je l'imaginais nu jusqu'à la taille, comme un forçat, nourri de sable et d'herbes crues, installant des traverses dans les landes ; croyant balancer un éventail de plumes à la place de la pioche. C'est ainsi qu'il a connu Arcachon, cette grande montée de l'eau salée dans le bassin, ces huîtres suspendues à des piquets de bois, nommés « pignots », ce ciel de nacre.

Il s'est marié avec Nelly Robert qui habite La Teste de Buch, un petit port non loin de là. Elle est riche de terrains dont personne ne veut, jonchés d'aiguilles de pin, hantés par des feux follets. Le long de la plage vit une princesse aux cheveux d'or, hormis Adalbert Deganne, nul ne la voit ; il l'évente comme un sauvage. C'est Marie-Clémentine qui apparaît chaque soir quand la lune se lève, elle n'a pas défait ses cheveux, elle l'attend.

Arrivent le second Empire, les frères Pereire, propriétaires des Chemins de Fer du Midi, pour lesquels Deganne travaille ; des médecins hygiénistes convaincus des bienfaits du climat ; mille diables bleus qui adorent le bain de mer. Qu'à cela ne tienne, Adalbert Deganne va construire le tronçon de chemin de fer La Teste-Arcachon, vendre à prix d'or les terrains de sa femme. Ils veulent de la fête océanique, de l'essence de térébenthine pour guérir leurs poumons, ils auront la ville d'été, la ville d'hiver, du sable clair, l'odeur des pins. A sa famille éblouie, il envoie des coupures de presse, des journaux et que découvre-t-on au bord de la plage : l'exacte réplique de Boursault ! « Je n'ai pas inventé l'architecture Renaissance, écrit-il, j'ai pris mes modèles partout [...] Je me suis surtout inspiré d'un château des bords de la Marne que j'ai essayé de reproduire dans ses délicieuses proportions. »

Il a purement et simplement reconstruit mon château[1]. Volé son cœur. Où s'est-il procuré ses plans, comment s'est-il rappelé sa pierre blanche, ses toits d'ardoise, sa grande cloche pour sonner l'heure des repas ? Les six allées du rond-point ? Tout ça au bord de la mer qui frotte, frotte les perrés[2].

Napoléon III rend une courte visite à Arcachon, en 1863 ; l'empereur, sa femme et le petit prince, accompagnés d'Emile Pereire et de Prosper Mérimée, sont venus pour serrer la pince des notables. Adalbert Deganne en fait partie, dans quelques années il sera maire de la ville. Nouvelles coupures de presse adressées à sa famille, accompagnées de daguerréotypes : sur l'un d'eux « on entend vaguement de deux enfants le triste et doux chuchotement »...

1. Devenu aujourd'hui le casino municipal.
2. Balustrades de pierre qui bordent la mer.

CHAPITRE XIV

La maison se passe de moi

Soixante-dix ans dans trois mois ! « Madame Clicquot [...] porte sa verte vieillesse avec un charme particulier et avec une animation que rien ne peut abattre. On voit que, sous les glaces de l'âge et l'affaiblissement du corps, l'âme est restée maîtresse et reine », écrit aimablement de moi Victor Fiévet[1]. Le moment est venu, je crois, de suivre les conseils de mon gendre. Qui va exécuter mon portrait, c'est-à-dire réunir dans quelques centimètres carrés mille observations de ce que je suis ? De ce que j'étais ? Vais-je passer à la postérité en aïeule dans le décor de Boursault ? Ou en grande dame du champagne, à la tête de

1. *Mme Veuve Clicquot, née Ponsardin, son histoire et celle de sa famille*, Victor Fiévet, 1865.

la maison qui porte mon nom et dont je m'occupe de moins en moins ?

Edouard Werlé n'admet pas que je lui parle de mon grand âge. Pourtant il faut bien que je lui en parle si je veux rendre hommage à mon associé. Il est devenu Français avec un grand sentiment de reconnaissance envers la ville qui lui a donné sa chance [1]. Envers son blanc royaume de bulles de champagne. Ses belles lèvres pleines éclairent son visage qui par moments n'est rien moins que commode. Nos employés le craignent, les comptables en ont une frousse bleue. Des heures de vérification minutieuse après que tout le monde a quitté le bureau ne le rebutent pas. « Messieurs, leur dit-il le lendemain, il m'est si agréable d'avoir en vous une confiance parfaite, que c'est toujours un plaisir de vérifier qu'elle est justifiée. »

Dans l'hôtel de la rue du Marc qu'il a fait construire en 1840, aucun repas ne doit durer plus d'une demi-heure ; il exige qu'on laisse ouverte la porte de communication entre son bureau où il se retire après le dîner en emportant ses dossiers et le salon où se tient sa

1. « Je crois, en consacrant mon temps et mon activité à la ville de Reims, lui payer la dette que j'ai contractée envers elle, car je me plais à le reconnaître, c'est elle qui m'a fait ce que je suis, c'est à elle que je dois la situation que j'occupe. » Discours lors de son élection à l'hôtel de ville.

famille ; cependant il ne doit entendre aucun bruit. Tout le monde chuchote jusqu'au moment où Alfred ou Mathilde, un de ses enfants, éclate de rire et court se jeter à son cou pour se faire pardonner.

A Mathilde, il pardonne toujours. Qui mieux que moi conçoit la très douce aventure qui unit un père à une fille ? Elle épousera Louis Magne, le fils d'un ministre des Finances de Napoléon III : un joueur dont son beau-père payera toute sa vie les dettes. Comme moi. Son fils fume, je crois que c'est pour le faire enrager. Bon vivant, Alfred n'a pas le côté rigide de son père. Marié à une Lannes de Montebello, il ne veut pas du tout tuer d'hommes ni être ministre, il adore la vie, le cœur même de sa vie est sa famille davantage sans doute que Clicquot[1]. Mais j'ai encore « un beau jupon de reine » et Edouard Werlé accumule les charges. En 1840, il est élu au tribunal de commerce dont il devient président six ans plus tard, grâce à quoi il travaille encore plus tard la nuit, connaît les difficultés du boutiquier et celles des belles dames, les huissiers, les avoués, les journalistes, des détresses sans nom, toutes les liquidations judiciaires, les secrets qui se cachent derrière les cent familles

1. Il sera néanmoins gérant de la maison à partir de 1866.

heureuses qu'il invite le soir à l'hôtel du Marc. Sa « figure à la fois sérieuse et narquoise » s'adapte si bien à la société de son temps qu'il entre au conseil municipal en 1843, est élu maire de Reims en 1850 et va le rester pendant dix-huit ans.

« Moment bizarre, écrit Victor Hugo. Nous sommes en République, le parti monarchique gouverne [1]. » Edouard Werlé va transformer la ville de fond en comble, en faire « une des villes les mieux pavées de France », détruire les remparts, creuser les égouts, venir au secours de beaucoup de pauvres gens. Elu au Corps législatif en 1862, il y sera réélu jusqu'à la chute de l'Empire. Il domine la tribune de sa très haute stature quand il y prend la parole, siège à l'extrême droite, dessine lorsqu'il s'ennuie et dessine quoi ? Des déblais, des remblais, des terrassements, des routes de ceinture, des parcs, des percées de rues et surtout... des chemins de fer. Il vit pour le jour glorieux où il verra la première locomotive venant d'Epernay entrer dans Reims sur une voie provisoire et je serai à ses côtés, ce 4 juin 1854, avant de recevoir quatre ans plus tard l'empereur et l'impératrice Eugénie à Reims. « Les deux bourdons sonnaient à toute volée la bienvenue

1. *Choses vues.*

du prince et le cardinal-sénateur, monseigneur Gousset, à la tête de ses vicaires généraux, de son chapitre en dalmatique d'or, attendait leurs majestés sous ce gigantesque portail [...] Tous les piliers de la nef, du chœur et du sanctuaire portaient le chiffre impérial [...] la grille [de l'abside] [était] surmontée d'un aigle d'or aux ailes puissamment étendues[1]. »

Le soir, dans la grande salle de l'hôtel de ville décorée d'oriflammes à fond rouge semés d'abeilles d'or, Mathilde Werlé danse le premier quadrille avec l'empereur : elle n'a pas dix-huit ans, lui en a cinquante, il ne la quitte pas des yeux, à chaque instant lui chatouille la taille à la stupeur de son père qui laisse déborder sur les bagues de l'impératrice la mousse du vin de Champagne qu'il est en train de lui verser. Les yeux d'Edouard Werlé se remplissent d'un silence glacial lorsque Napoléon III, qui ne lui arrive pas à l'épaule, revient s'asseoir à ses côtés et lui confie que son pantalon le serre au ventre. L'affaire en reste là, nous sommes le 11 octobre 1858. « J'entends encore mon pouls battre dans mes oreilles », me confie Edouard Werlé quelques jours plus tard. En 1860, il inaugure la gare de Reims, mais se garde bien d'inviter l'empereur.

1. Victor Fiévet, *op. cit.*

« La contradiction le surexcitait, d'hésitante au début, sa parole s'échauffait vite et devenait convaincante et persuasive[1]. » Ironique, disent de lui ses collaborateurs, mordant, ajoutent ses détracteurs ; aimant qu'on lui tienne tête, croisant et décroisant ses longues jambes, soudain ne disant plus un mot ; pris de l'envie d'interloquer.

Ah ! il est loin le temps où, jeune stagiaire à la mèche rebelle, il voyageait pour le compte de la maison, muni de son carnet à languettes ; où filandres, serpents, vers, voltiges, vin qui graisse comme de l'huile ou du miel, dépôts de sable ou de petits cristaux écailleux empoisonnaient nos bouteilles ; où j'inventais la table de remuage ; où Louis Bohne disait : « La mousse ronge le sucre. » Chaptal est passé par là, il a suggéré d'ajouter du sucre au moût afin d'assurer au vin une certaine teneur en alcool ; mon champagne rosé a été copié par mes concurrents. Nous sommes tous comme une troupe d'oiseaux, à nous surexciter les uns les autres, à nous suivre. Calmes maisons, en apparence seulement…

Après son voyage en Russie en 1850 et les mauvaises années 1855-1856, Edouard Werlé

1. Discours d'Henri Henrot, maire de Reims, lors des obsèques d'Edouard Werlé en 1884.

change notre manière de travailler. De mon temps, le prix des vins était le même pour tous mes clients, fixé selon leur valeur après les vendanges. Ensuite, ils s'en débrouillaient, les merveilleux bandits ! Ils revendaient deux fois, trois fois, jusqu'à… gardons le silence. Werlé choisit une autre manière de travailler : il baisse les prix pour les revendeurs, leur confère l'exclusivité de nos ventes. Tous nos clients, sauf les très anciens qui s'en plaignent à moi amèrement, doivent désormais passer par nos dépositaires. Le « dry » deviendra « sec », le « doux », « demi-sec », le « brut », ça sera pour plus tard, comme l'apparition de la légendaire étiquette jaune.

Tombent l'une après l'autre les vieilles habitudes, les chefs de cave deviennent des chimistes – la nouveauté chimique mène la danse. Il est temps que je règle ma succession. L'échelon piaffe rue du Temple, siège de Clicquot. Alfred Werlé se marie en 1865, je lui fais don de terrains derrière la maison où jusqu'à aujourd'hui des voix d'oiseaux se faisaient entendre. Alfred Werlé lui, ne piaffe pas, il travaille avec son père avec lequel il a parfois du mal à s'entendre.

Louis de Mortemart regarde ses orchidées gober des mouches dans les serres de Boursault. La température s'y maintient à 30°, l'humidité se condense en fines gouttelettes sur les parois des vitres. Dans son château de verre, il revoit ses trois enfants, Pauline, Paul et Anne ; seule la dernière vit encore.

Paul est mort d'une congestion cérébrale, le vent faisait un bruit de vagues, cette nuit-là, il n'avait pas douze ans. Deux ans auparavant, le couvercle du cercueil s'était refermé sur sa sœur, petit cercueil blanc devant lequel mon cœur se serrait. Il ne me reste plus que Anne « au visage couvert d'ancêtres ».

CHAPITRE XV

Bientôt mon paquet

J'ai choisi mon portraitiste, il se nomme Léon Cogniet et travaille, paraît-il, très lentement. Pour qu'il n'infligeât pas de trop longues séances de pose à sa femme, le duc d'Uzès lui aurait dit : « Ses traits tombent énormément, je crois qu'elle y perd cent pour cent »...

Mon gendre, qui s'arrange toujours à faire pleuvoir des louis, lui laisse entrevoir l'exécution de plusieurs portraits de moi, mais aussi de mon associé, de mon arrière-petite-fille, de Boursault. « Petite chère mère, me dit-il, le mois prochain, ça sera fini. » Ça a pris dix ans ! Léon Cogniet m'apportait une grande quantité de sucres d'orge de Fontainebleau et me racontait ses souvenirs de la villa

Médicis [1], à Rome, où il avait passé cinq ans de sa jeunesse, très heureux. Il avait créé avec ses compagnons une société « cipollésienne », en souvenir de la soupe à l'oignon qui figurait à chaque repas des sociétaires. Les trois premières années, ceux-ci devaient acquérir la maîtrise du nu, la quatrième copier un maître et la cinquième réaliser un grand tableau d'histoire – dans son cas ce fut *Marius sur les ruines de Carthage*. Il s'ennuie ferme en compagnie du général romain, mais « les fêtes de nuit sur la mer pure », Naples, le marbre et la tuile, les pins parasols « allaitent de couleurs » l'artiste qu'il est.

Petit à petit naît entre nous une amitié : il me confie l'amour passionné qu'il porte à sa sœur Marie-Amélie, l'extase dans laquelle le plongèrent les journées de juillet 1830 et, en particulier, le 28, quand le drapeau tricolore fut hissé sur les tours de Notre-Dame. « *Les Drapeaux* [2] » témoignaient de son amour pour une fugitive beauté nommée la révolution de Juillet [3].

---

1. Le prix de Rome qu'il obtint en 1817 lui ouvrit les portes de la villa Médicis, siège de l'Académie de France depuis 1803.

2. *Les Drapeaux*, musée des Beaux-Arts d'Orléans auquel L. Cogniet, par amitié pour Eudoxe Marcille, son directeur, léguera la plupart de ses œuvres.

3. Les 27, 28, 29 juillet 1830, surnommées les « Trois Glorieuses », ces journées virent l'abdication de Charles X et l'arrivée au pouvoir de Louis-Philippe, roi des Français.

Puis, s'étant dépouillé de toute idée contestataire, il s'était mis à peindre des dames fastueuses, princesses ou duchesses, Louise Adélaïde d'Orléans, sœur du roi Louis-Philippe, des dames comme moi, qui mangent de la soupe parfumée.

Il s'est marié très vieux, à près de soixante-dix ans, j'étais moi-même très vieille quand il a commencé à me peindre, « l'air chimérique [...] d'une petite fée, vêtue de couleurs brunes, avec un trousseau de nombreuses clés à sa ceinture », écrit de moi Charles Monselet. Pas de clefs sur les tableaux, mais une posture de maîtresse femme, mes anglaises redevenues blondes sous mon bonnet de dentelle, ayant accompli les souhaits de toute ma famille, de tous mes associés et de tous mes clients. Léon Cogniet me peint une fois en noir, en reine-mère du champagne – ce tableau-ci a droit au grand escalier de la rue du Temple, à Reims, une autre fois en vieille châtelaine, Boursault est à l'arrière-plan et Anne, mon unique descendante, à mes pieds. Il la peint aussi accoudée au billard du salon de Boursault – une jeune fille de treize ans, avec ses petites bottines, qu'on a déjà demandée en mariage. Elle déteste ces séances de pose ; pour la faire tenir tranquille, Léon Cogniet lui raconte qu'il a rencontré des bandits, des vrais, dans les marais pontins, quand il était à Rome. Il les a même croqués avec leurs feutres, leurs capes, leurs tromblons, une pauvre jeune fille agenouillée à leurs pieds, les mains jointes, leur demandant grâce [1]. « Et vous savez ce que papa lui a répondu ? dit Anne. A la dame venue demander ma main pour son fils ? Madame, votre démarche me touche beaucoup, mais je veux d'abord m'occuper de sa première communion [2] ! »

Edouard Werlé assiste parfois à nos séances. Léon Cogniet a laissé de lui un beau portrait : la soixantaine, les yeux clairs, la rosette de la Légion d'honneur à la boutonnière : il est le vrai propriétaire de Clicquot, ainsi l'ai-je voulu. « Tout ce petit monde ne me fait pas jeune, écrivais-je déjà à ma cousine Gard en 1843, et est un avertissement pour bientôt faire mon paquet, et dire bonsoir à la compagnie, ce que je ferai pourtant le plus tard possible. » Cela, il y a vingt ans ! Quand j'inscrivais au fronton de Boursault : « Natis Mater [3]. »

Edouard Werlé et moi avons tout prévu : dès ma mort, la maison prendra le nom de « Werlé et Compagnie, successeurs de Veuve Clicquot Ponsardin », mes héritiers gardant le reste de

1. *Une jeune fille suppliant deux brigands*, 1818-1822, dessin au crayon.

2. *Souvenirs de la duchesse d'Uzès*, Librairie Plon, 1939. Selon l'auteur, il s'agirait de la duchesse de La Trémoïlle.

3. Une mère à ses enfants.

l'actif de la société, principalement les immeubles et les vignes. C'est ainsi qu'Anne héritera un jour de tout[1]. Alfred Werlé sera associé-gérant de la nouvelle société et Louis de Chevigné, mon gendre, associé-commanditaire.

J'ai eu la douleur de voir ma propre fille disparaître il y a un an. Nous nous sommes retrouvés Louis de Chevigné et moi au cimetière du Nord où mes parents sont enterrés, où Louis Castel, qui nous a donné sa concession, a voulu reposer lui aussi. Au tour de Marie-Clémentine de partir pour une vie infinie, de me confier son mari qui ne respire plus « l'embonpoint du bonheur » ; de me confier Anne, de santé fragile, à qui je fais prendre des bains de vin d'Espagne et qui me fermera les yeux le moment venu[2]. Ou me les ouvrira pour toujours.

*

* *

Chaque employé qui de nos jours effectue toute sa carrière chez Clicquot laisse son nom à une crayère : ainsi Couture Gustave, dégorgeur, cinquante-deux années de présence ; ou

1. Elle épousera Louis de Crussol, futur duc d'Uzès et mourra en 1933, à l'âge de quatre-vingt-six ans.
2. Le 29 juillet 1866.

Couture Marthe, bouchonnière, quarante-quatre années de présence. Les descendants d'Edouard Werlé ont laissé leur nom sur la liste des gérants et des associés de la maison jusqu'à la cinquième génération. La duchesse d'Uzès a vendu tous ses biens en Champagne avant la guerre de 1914 ; elle n'a laissé son nom qu'à la rue du village de Boursault. Une famille de joailliers d'origine arménienne a acquis le château. Cotée en Bourse en 1963, Clicquot a été rachetée en partie par Louis Vuitton ; en totalité, quatre ans plus tard, par des initiales : L.V. M.H. La rue du Temple à Reims est toujours son siège social, les pavés de la cour subissent le tohu-bohu des camions qui déchargent le champagne : on en ferait neiger.

FIN

Je remercie celles et ceux qui m'ont aidée à écrire ce livre : Cécile Bonnefond, présidente de Veuve Clicquot Ponsardin, première femme à succéder avec panache à la Veuve ; Fabienne Huttaux, qui donne de l'âme à tout ce qu'elle touche et qui touche journellement à 230 années d'archives triées par Bertrand de Mun pendant la Seconde Guerre mondiale et conservées dans le pavillon du patrimoine historique, toujours dans cette cour pavée où il pleut du champagne ; Anne Cabin Saint Marcel, de ces déjeuners à Verzy, instants pleins de charme dont je suis sortie avec une charmante ivresse ; Isabelle Pierre – je ne l'ai jamais vue que sourire ; François Hautekeur trouvant dans les dégustations, comme posé sur sa bouche, un goût de mûre, de violette, de millésime que je suis incapable d'y découvrir. Tous répètent en chœur la devise de Mme Clicquot : « Une seule qualité, la toute première. »

Merci à la cathédrale de Reims de veiller sur quinze siècles d'histoire de France,

A Harald Fringhian de m'avoir ouvert Boursault,

A Mme Galliot-Rateau de m'avoir fait découvrir l'œuvre de Léon Cogniet au musée d'Orléans,

A Alain et Laetitia de Vogüé, à Louis-Marc et Thérèse d'Harcourt d'être de vieux amis.

Je les évoque au seuil de ce livre avec gratitude.

TABLE

PREMIÈRE PARTIE
Klikofskoé

DEUXIÈME PARTIE
Édouard Werlé

TROISIÈME PARTIE
Natis mater

Cet ouvrage a été imprimé en France par

CPI
Bussière

à Saint-Amand-Montrond (Cher)
en décembre 2009
pour le compte des Éditions Grasset,
61, rue des Saints-Pères, 75006 Paris.

Composé par Nord Compo Multimédia
7, rue de Fives, 59650 Villeneuve-d'Ascq

N° d'édition : 16031. — N° d'impression : 093512/1.
Première édition : dépôt légal : mai 2009.
Nouveau tirage : dépôt légal : décembre 2009.